中信改革发展研究基金会 · 中国道路丛书 · 企业史

与改革开放同行

中国经济咨询发展之路

中国国际经济咨询有限公司
季红 蒲明书◎编著

中信出版集团 · CHINACITICPRESS

图书在版编目（CIP）数据

与改革开放同行：中国经济咨询发展之路 / 季红，
蒲明书编著 . -- 北京：中信出版社，2016.12（2023. 7 重印）
（中国道路丛书）
ISBN 978-7-5086-6985-4

Ⅰ . ①与… Ⅱ . ①季… ②蒲… Ⅲ . ①经济咨询机构
- 企业发展 - 概况 - 中国 Ⅳ . ① F12-289

中国版本图书馆 CIP 数据核字 (2016) 第 272109 号

与改革开放同行：中国经济咨询发展之路

著　　者：季红　蒲明书
策划推广：中信出版社（China CITIC Press）
出版发行：中信出版集团股份有限公司
（北京市朝阳区惠新东街甲 4 号富盛大厦 2 座　邮编 100029）
（CITIC Publishing Group）
承 印 者 ：北京达利顺捷印务有限公司

开　　本：787mm×1092mm　1/16　　印　　张：16.5　　字　　数：203 千字
版　　次：2016 年 11 月第 1 版　　印　　次：2023 年 7 月第 7 次印刷
书　　号：ISBN 978-7-5086-6985-4　　广告经营许可证：京朝工商广字第 8087 号
定　　价：58.00 元

economics | 经济读物

eco

发展中国的咨询事业，为决策的科学化、民主化服务！

荣毅仁

中国国际经济咨询公司名誉董事长荣毅仁（中）、名誉副董事长孙越崎（左四）、
副董事长兼总经理经叔平（左一）与石油工业部部长唐克
在该公司与海洋石油总公司签订合作协议前交谈

1991 年，中国国际经济咨询公司成立 10 周年招待会

1982 年，中信公司在日本发行 150 亿日元浮动利率债券

1983 年 6 月，毕际昌副董事长在中国国际经济咨询公司会见尼日利亚各斯工商代表团

1993 年，中信公司在美国首次发行 2.5 亿美元扬基债。王军（前排左二）、洪允成（前排左一）、常振明（后排左六）出席签字仪式

1994 年，经叔平与香港巨商李嘉诚（左一）畅谈

《中国道路丛书》学术委员会

《中国道路丛书》总序言

新中国成立60多年以来，中国一直在探索自己的发展道路。特别是在改革开放30多年的实践中，努力寻求既发挥市场活力，又充分发挥社会主义优势的发展道路。

改革开放推动了中国的崛起。怎样将中国的发展经验进行系统梳理，构建中国特色的社会主义发展理论体系，让世界理解中国的发展模式？怎样正确总结改革与转型中的经验和教训？怎样正确判断和应对当代世界的诸多问题和未来的挑战，实现中华民族的伟大复兴？这都是对中国理论界的重大挑战。

为此，我们关注并支持有关中国发展道路的学术中一些有价值的前瞻性研究，并邀集各领域的专家学者，深入研究中国发展与改革中的重大问题。我们将组织编辑和出版反映与中国道路研究有关的成果，用中国理论阐释中国实践的系列丛书。

《中国道路丛书》的定位是：致力于推动中国特色社会主义道路、制度、模式的研究和理论创新，以此凝聚社会共识，弘扬社会主义核心价值观，促进立足中国实践、通达历史与现实、具有全球视野的中国学派的形成；鼓励和支持跨学科的研究和交流，加大对中国学者原创性理论的推动和传播。

本《丛书》的宗旨是：坚持实事求是，践行中国道路，发展中国学派。

始终如一地坚持实事求是的认识论和方法论。总结中国经验、探讨中国模式，应注重从中国现实而不是从教条出发。正确认识中国的国情，正确认识中国的发展方向，都离不开实事求是的认识论和方法论。一切从实际出发，以实践作为检验真理的标准，通过实践推动认识的发展，这是中国共产党的世纪奋斗历程中反复证明了的正确认识路线。违背它就会挫折失败，遵循它就能攻坚克难。

毛泽东、邓小平是中国道路的探索者和中国学派的开创者，他们的理论创新始终立足于中国的实际，同时因应世界的变化。理论是行动的指南，他们从来不生搬硬套经典理论，而是在中国建设和改革的实践中丰富和发展社会主义理论。我们要继承和发扬这种精神，摒弃无所作为的思想，拒绝照抄照搬的教条主义，只有实践才是真知的源头。本《丛书》将更加注重理论的实践性品格，体现理论与实际紧密结合的鲜明特点。

坚定不移地践行中国道路，也就是在中国共产党领导下的中国特色社会主义道路。我们在经济高速增长的同时，也遇到了来自各方面的理论挑战，例如将新中国改革开放前后两个历史时期彼此割裂和截然对立的评价；例如极力推行西方所谓“普世价值”和新自由主义经济理论等错误思潮。道路问题是大是大非问题，我们的改革目标和道路是高度一致的，因而，要始终坚持正确的改革方向。历史和现实都告诉我们，只有社会主义才能救中国，只有社会主义才能发展中国。在百年兴衰、大国博弈的历史背景下，中国从积贫积弱的状态中奋然崛起，成为世界上举足轻重的大国，成就斐然，道路独特。既不走封闭僵化的老路，也不走改旗易帜的邪路，一定要走中国特色的社会主义正路，这是我们唯一正确的选择。

推动社会科学各领域中国学派的建立，应该成为致力于中国道路探讨的有识之士的宏大追求。正确认识历史，正确认识现实，积极促进中国学者原创性理论的研究，那些对西方理论和价值观原教旨式的顶礼膜拜的学风，应当受到鄙夷。古今中外的所有优秀文明成果，我们都应该兼收并蓄，但绝不可泥古不化、泥洋不化，而要在中国道路的实践中融会贯通。以实践创新推动理论创新，以理论创新引导实践创新，从内容到形式，从理论架构到话语体系，一以贯之地奉行这种学术新风。我们相信，通过艰苦探索、努力创新得来的丰硕成果，将会在世界话语体系的竞争中造就立足本土的中国学派。

本《丛书》具有跨学科及综合性强的特点，内容覆盖面较宽，开放性、系统性、包容性较强。分为学术、智库、纪实专访、实务、译丛等类型，每种类型又涵盖不同类别，例如在学术类中就涵盖文学、历史学、哲学、经济学、政治学、社会学、法学、战略学、传播学等领域。

这是一项需要进行长期努力的理论基础建设工作，这又是一项极其艰巨的系统工程。基础理论建设严重滞后，学术界理论创新观念不足等现状是制约因素之一。然而，当下中国的舆论场，存在思想乱象、理论乱象、舆论乱象，流行着种种不利于社会主义现代化事业和安定团结的错误思潮，迫切需要正面发声。

经过 60 多年的社会主义道路奠基和 30 多年改革开放，我们积累了丰富的实践经验，迫切需要形成中国本土的理论创新和中国话语体系创新，这是树立道路自信、制度自信、理论自信，在国际上争取话语权所必须面对的挑战。我们将与了解中国国情，认同中国改革开放发展道路，有担当精神的中国学派，共同推动这项富有战略意义的出版工程。

中信集团在中国改革开放和现代化建设中曾经发挥了独特的作用，它不仅勇于承担大型国有企业经济责任和社会责任，同时也勇于承担政治责任。它不仅是改革开放的先行者，同时也是中国道路的践行者。中信将以历史担当的使命感，来持续推动中国道路出版工程。

2014 年 8 月，中信集团成立了中信改革发展研究基金会，构建平台，凝聚力量，致力于推动中国改革发展问题的研究，并携手中信出版社共同进行《中国道路丛书》的顶层设计。

本《丛书》的学术委员会和编辑委员会，由多学科多领域的专家组成。我们将进行长期的、系统性的工作，努力使《丛书》成为中国理论创新的孵化器，中国学派的探讨与交流平台，研究问题、建言献策的智库，传播思想、凝聚人心的讲坛。

孔丹

2015年10月25日

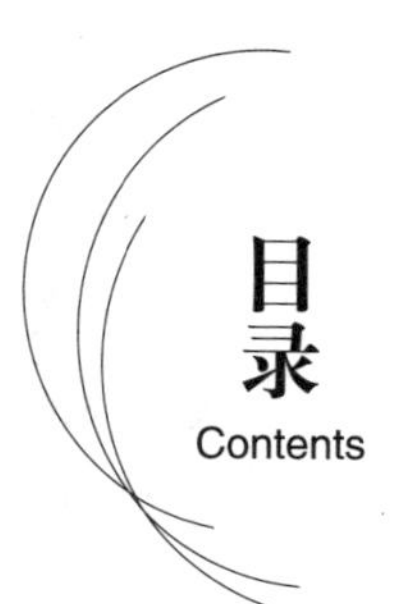

目录

Contents

第一部分 应运而生

历史呼唤

精心酝酿

破茧而出

群贤毕至

艰苦创业

招贤纳士

历史呼唤

20世纪70年代的最后几年，是中国历史上极为特殊的时期。

十年如噩梦般的“文化大革命”终于结束，梦醒之后，中国人最强烈的感觉就是：中国已经被世界现代化的车轮远远抛在了后面，而与此同时，我们周边国家和地区的经济和科技都得以迅猛发展，我们落后了。

1977年国庆节前夕，邓小平在人民大会堂会见英籍作家韩素音时，直截了当地说：“一九七五年我曾讲过，同日本相比我国落后了五十年……中国人是聪明的，再加上不搞关门主义，不搞闭关自守，把世界上最先进的科研成果作为我们的起点，洋为中用，吸收外国好的东西，先学会它们，再在这个基础上创新，那么，我们就是有希望的。”

在党的十一届三中全会之前，经历了一段酝酿讨论，对外开放即将被确立为一项基本国策，谷牧同志对此曾说道：“这是党在新中国对外经济关系上一贯指导思想的新发展。”①

当时的中国既缺技术又缺资金，急需摆脱贫困落后的局面，而西方世界则是资金、技术过剩，要寻找新的市场，彼此都有需要。此时此刻，欧美经过“二战”后的漫长恢复，以及冷战的压力，也希望中国成为世界稳定的力量。时任国务院副总理谷牧说：“国际形势提供了可以利用资本主义世界的科技成果来发展我们自己的机会，一定要抓住它。”②

早在1976年秋天，中国刚刚粉碎了“四人帮”，叶剑英就找荣毅仁谈话，让他做好准备，出来为国效力。叶帅当时对身边工作人员讲过这样的话：“你

---

① 谷牧．谷牧回忆录 [M].2版．北京：中央文献出版社，2009：313.

② 谷牧．谷牧回忆录 [M]. 2版．北京：中央文献出版社，2009: 328.

说要开放，要引进外国资金，人家不一定相信你共产党，人家要看一看你的政策究竟怎么样。荣毅仁在国际上有知名度，家族中又有很多人在国外，利用他在国外的影响，利用荣氏家族的优势，由他出面先吸引更多的外资，荣毅仁的这个优势，别人替代不了，共产党员替代不了，由他出面比较好。还要考虑用一个什么样的机构来开展工作，要民间的，不是政府机构。政府机构不好，人家怕你共产党。”①

1978年，中共十一届三中全会终于把改革开放作为基本国策，开放国门已经成为当时领导人的共识，一个全新的时代开始了。

改革开放十分需要在当时国家严密和封闭的计划体制内部找出撬动的力量，邓小平需要找到开辟新战场的急先锋，组建这样一支队伍，这个队伍不在体制内部，并采用资本主义的方式与资本主义打交道。邓小平、叶剑英、王震三位老一辈无产阶级革命家数次在一起议论提到一个人，这就是当年的“红色资本家”荣毅仁。1978年2月，62岁的荣毅仁当选为第五届全国政协副主席。他感慨万千，曾经的大资本家，新中国成立后，当过副市长，当过政府副部长，如今又当选为政协副主席。他不甘于只做一匹“伏枥”老马，更渴望为国家做事。国家赋予他这么高的荣誉，终于等到了一个可以“做一些事情”的时代了，尽管当时荣毅仁并不太清楚可以做一些什么事情，但他已下定决心，在80岁之前仍要为国效力。

1979年1月17日，邓小平在与工商界领导人谈话时，提出希望荣毅仁能围绕改革开放做一些实际工作。1979年2月，荣毅仁据此向中央提出《建议设立国际投资信托公司的一些初步意见》，他在意见中讲明，为什么需要设立一个公司来做事，并提出成立公司要聚集各业专家，对公司的名称、经营

① 计泓赓．荣毅仁 [M]. 北京：中央文献出版社，2006:196.

范围、宗旨、任务、经营方式都进行了完整表述。荣毅仁提出："为了加速祖国实现四个现代化，从国外吸收资金，引进先进技术，聘请各业专家投入国家经济建设，为四个现代化服务，是一支不小的力量，有其重要作用。当前国内各方面对此都很关心，有的已在进行活动。国外亦在密切注视这方面有关的情况，有的正在寻找途径。有必要设立国际投资信托公司，集中统一吸收国外投资资金，按照国家计划、投资人意愿，投入国家建设，有步骤、有秩序地来开展这项工作，可能获得较好的效果。"

随后，荣毅仁提出：当前需要出台有关外资投资的法律和合资的办法等有关法令。筹备小组应有人能多参与此项工作的研究起草。荣毅仁的意见得到了中央的支持。

邓小平"点将"，邀请荣毅仁来筹建国际信托公司，对于荣毅仁来说，新的历史开启在即，他说："我虽年过六旬，作为国家的公务人员还正是壮年。人民给我为国家效力的机会，我是没有理由不殚思极虑为国家的繁荣昌盛添砖添瓦的。所以国务院领导同志要我负责组织中国国际信托投资公司，我欣然接受此光荣任务。"①

随即荣毅仁就中国国际信托投资公司筹建工作分别于1979年6月20日、6月30日、7月11日给当时分管外资工作的谷牧副总理写信，就筹建领导小组成员、公开发布公司筹组消息和筹备工作向中央汇报。7月8日，新华社正式对外公布中央批准成立中国国际信托投资公司的消息，与此同时，《人民日报》正式公布《中华人民共和国中外合资经营企业法》。中信公司筹备期间边做边摸索，采用了多种方式开展业务，公司承接国内的第一项业务就是接受湖北省的委托，为湖北省引进外资签订协议；同时，公司还与美国伊沈

① 计泓赓 . 荣毅仁 [M]. 北京：中央文献出版社，2006：196.

实业公司签订协议书，在3年内，伊沈公司将每年提供5 000万美元，总共为1.5亿美元，并委托中信公司在国内寻找合适对象进行合资、补偿贸易或其他经济合作。中信还和其他多家外国公司签订协议，进行合资和补偿贸易，投资总额为3 000万美元。中信首签的这几份中外合作协议，已经涵盖了经济咨询服务的需求。

1979年10月4日，荣毅仁主持中信公司第一届董事会

1979年10月4日，中国国际信托投资公司（简称CITIC）正式成立，成为中国实行对外开放的窗口，荣毅仁建立中信公司的主要目的是吸引外资，引进国外的先进技术，吸引人才，并适时在海外投资，荣毅仁成为该公司的第一任董事长。从此，荣毅仁担当起改革开放和引进外资的重任，这成为他人生最为辉煌的起点。

精心酝酿

中国大门的打开，让世界各地的商人纷至沓来，仅就CITIC而言，一年多的时间里就接待外商达6 000多人次，这可把荣毅仁和其他前来襄助的老先生们忙得不亦乐乎，可见，外商是多么渴望进入中国市场，然而谈成的项目却微乎其微，促成的合资项目也不过三四个。

CITIC的主要业务是接受委托引进外资，带有金融服务性质。这需要公司加强与外商的沟通，清晰了解双方的性质和需求。荣毅仁非常明确地指出："我们公司的任务是接受国内各部门和各省市政府的委托，根据他们的要求和意愿，与外国投资者联系，组织资金，引进先进的技术、设备，创办合营企业。同时我们也接受外国投资者的委托，在中国为他们寻找有兴趣的合作对象。我们可以组织谈判，参加协商以及办理一切手续，必要时我们也可以参加投资。此外，我们也接受外国投资者和华侨的信托投资。愿意把资金交给我们的，我们可以在中国代为运用投资。我们公司保证本息的偿付。"①

由此，沟通协调中西双方的咨询中介机构已成为一种迫切的需求，成立一个这样的咨询机构一直萦绕在荣毅仁的心头。

基于荣毅仁多次海外考察和公司初创时期的业务需求，1980年年初，荣毅仁明确表示，要正式成立咨询公司，加强国内外调查研究，充实情报资料，在做好公司内部咨询业务的基础上，逐步对外开放，提供咨询服务。1980年2月，咨询公司筹备组成立。

曾任中国国际经济咨询公司副总经理的庄寿仓回忆："荣老回京后，带回

① 中国国际信托投资公司成立后，1979年10月4日在人民大会堂举行中外记者招待会，由荣毅仁同志发表讲话并回答中外记者的提问。这是荣毅仁同志讲话及答记者问。

很多商机与业务，其中之一就是成立中国国际经济咨询公司，荣老亲自兼董事长，‘独立、客观、公正’是荣老亲自为咨询公司设定的公司信条。”经叔平说：“为什么称中国国际经济咨询公司，而不称为中信国际经济咨询公司，这表明我们是独立的，不受任何干扰，要坚持独立、客观、公正。”荣毅仁亲自兼下属企业的董事长，这在CITIC还从未有过，说明荣毅仁对咨询事业十分重视。

后来曾任中国国际经济咨询公司总经理的姚进荣说，外国投资者到中国来投资，需要“向导”，国内要引进外资，上项目，也需要“参谋”。荣毅仁说，过去中国没有这类帮助双方了解沟通的经济咨询机构。他就发起成立中国国际经济咨询公司，为中外双方牵线搭桥，当红娘，出主题，这在当时被称为“资讯库”“智囊团”。

荣毅仁指出：“组建了中国国际经济咨询公司，广泛开展国内外经济咨询业务。利用外资，引进技术，必须考虑经济效益，首先要对项目进行经济和技术可行性研究。”① 直到1983年，国家计委才颁布了《关于建设项目进行可行性研究的试行管理办法》，规定国家基本建设大中型项目要进行可行性论证。

1980年2月，中国国际经济咨询公司筹备组成立后，边筹备，边开展工作，主要是为CITIC服务，提供有关法律、财务、技术等方面的咨询意见，并参加一些合同起草和可行性研究。1980年，CITIC各业务部门建制大体就绪，组建咨询公司已经列入荣毅仁迫切要解决的重要议事日程。

---

① 1980年9月13日，荣毅仁同志在中信公司第二届董事会上所做的工作报告《同心同德把我们公司的工作做好》。

破茧而出

1981 年 10 月 31 日，北京，京西宾馆。

宾馆会议厅里，没有张灯结彩，没有悬挂横幅，没有鲜花彩带，只有简单的一圈沙发，轻声的寒暄问候，热情的微笑相迎。

原来这是一家新公司的成立仪式和第一届董事会，却是如此的低调、如此的俭朴。在沙发上端坐的是一些年近花甲的老人，他们是这家新成立公司的董事，是来自政府、学术界、经济界的领导和专家学者。这家公司的名字就叫中国国际经济咨询公司（简称 CIEC）。它是中国国际信托投资公司麾下的第一家子公司，也是中国第一家成立的咨询公司。

在 CIEC 的成立大会暨第一届董事会上，根据毕际昌、经叔平、季崇威三位董事的建议，公推 CITIC 董事长荣毅仁担任 CIEC 的名誉董事长。这家公司的组织机构是按照现代公司治理结构来设置的。董事长毕际昌，曾先后担任福建省计委主任、副省长；时任 CITIC 副总经理。副董事长兼总经理经叔平，毕业于上海圣约翰大学新闻系，历任全国工商联副秘书长，CITIC 副总经理，全国政协副秘书长。副董事长季崇威，时任中国进出口管理委员会和外国投资管理委员会专职委员，分管利用外资，并负责联系 CITIC 和光大公司两个对外窗口公司。

董事有：王汝琪、王兼士、冯天顺、毕际昌、任建新、李文杰、李云洁、杨纪琬、杨锡山、经叔平、季崇威、林基鑫、金明远、陈兴农、陈陌军、张宣三、张培基、耿青、徐世伟、曹家瑞、雷平一、虞效忠、谭廷栋、潘承烈、薛葆鼎。顾问亦有李文杰、顾宪成、沈达明、季树农等专家。

这份名单汇集了当时的社会名流，荣毅仁诚聘专家、学者、社会知名人士为董事，凸显了他识人、选人、用人的胆略与眼光。

中国国际经济咨询公司是一家什么样的公司？它到底是干什么的？国人一无所知。据当时 CIEC 情报资料部侯健君回忆，那时荣老和经老向我们灌输的是什么呢，“咨询就是了解事情的客观规律的一系列调查和分析，提出决策性意见。如果按照这样去做，尤其是在经济发展的决策阶段，中国将少走很多弯路。中国需要有这样一个环境。”

咨询“出卖的是服务、知识和判断”。作为一种智力密集型的知识服务性产业，咨询的现代意义是指来自个体和组织外部的专业化技能，它以专门的知识、信息、经验为资源，针对不同的用户需求，提供解决某一问题的方案或决策建议。一句话概括，现代咨询是指专门从事咨询工作的各类专家或工作人员，利用其掌握的信息、知识与技术为咨询者提供各种解决问题的方案和措施，以便咨询者科学决策的智力服务业。对此，荣毅仁有着清醒的认识“对于经历过去计划经济弊端的人来说，咨询工作是我国的一个新兴行业，在过去搞建设项目，没有进行可行性研究，不注重经济效果，吃了亏。现在大家要开始重视经济效益，重视可行性研究工作。这样，咨询工作的任务就会越来越重。”①他说，我们还准备在国外发行公司债券，接受信托存款，开展有关吸收外资、进行建设项目的经济可行性研究和法律、财务、经济管理等方面的咨询业务。现代咨询业的高速发展是以咨询进入经济领域为标志的。经济活动的复杂，尤其是现代经济活动全球化、一体化的发展趋势，为咨询业的发展提供了良好的经济环境和物质基础。

董事会上，毕际昌做了关于 CIEC 建设方针的报告，报告着重提出，要充分发挥董事会的领导作用。毕际昌说，咨询公司成立于国家经济调整时期，同时准备积极稳妥地吸收外资和引进先进技术，加强对外经济技术交流，以

① 1982 年 1 月 14 日，荣毅仁同志在中国吸收外资中外记者招待会上的讲话：《积极吸收外资，开展中外经济技术合作》。

促进国家四化建设，因此我们是肩负着重要责任的。他说，国家的经济建设对我们有着不小的期望和要求。毕际昌在谈到与兄弟专业单位建立广泛的协作关系时提出："咨询业务在我国还是新兴事业，全国各地咨询机构都是两年内刚成立的，人才非常分散。在完成一些较繁重的咨询任务时，必须进行协作，这种协作，即便在发达国家的大咨询公司有时也是必要的。我们公司在对外联系方面已有一定基础，可以作为对外联系的窗口，负责承接咨询业务，特别是来自国外的咨询任务。"他还说，公司要积极培训干部，形成一支精干的咨询队伍。咨询工作最重要的是具有高度的客观性，重在服务，重在质量。

随后，经叔平介绍了 CIEC 的工作重点，宣读了公司章程（草案）以及聘请特约咨询员的暂行规定等。与会的董事畅所欲言，大家对这家公司寄予厚望，希望 CIEC 的眼光放长远些，CIEC 不仅是 CITIC 的一家子公司，还应该是国家的一个咨询部门。

这些来自各个行业的董事清楚地看到了计划经济体制的弊端，大家纷纷表示，CIEC 应该加大可行性研究队伍的建设，目前法律、财会的人员偏少，应该进一步充实，"要真正建立起一支好的可行性研究工作队伍"；要把咨询工作的重点放在中外合资经营项目上，既要从事投资前的咨询，也要从事经营管理的咨询，更要善于组织、运用国内的力量，采用和各个部委的咨询部门、科协的科技咨询部、新华社等委托承担或共同承担咨询任务等多种方式，建立起固定有效的协作关系。与会董事提出，CIEC 还要重视咨询理论的研究，提出对于理论研究要有足够的关注，不断提高咨询工作的质量。

荣毅仁在会上强调，咨询工作，需要各方面的专家密切配合、协同工作才能完成，CIEC 的董事会是由各方面的专家组成的，应当把各方面的力量组织起来。这是 CIEC 的生命力所在，荣毅仁特别强调："咨询公司要重视信誉，拿出去的东西要经得起推敲，经得起实际的检验。"

中国国际经济咨询公司成立大会暨第一次董事会合影

参会人员名单（按姓氏笔画排序）

第一届董事会领导及董事：江泽民、荣毅仁、王汝琪、冯天顺、毕际昌、李云洁、李文杰、张宣三、张培基、陈兴农、林基鑫、季崇威、金明远、经叔平、耿青、徐世伟、曹家瑞、雷平一、虞效忠、谭廷栋、潘承烈

中国国际经济咨询公司筹备组成员：于晏、万仲翔、王文涛、王敏治、王殿辰、庄寿仓、吴德义、张丽娜、陆以庆、季红、秋同、顾宪成、程祁昌、曾加宁、谢承彰

群贤毕至

多士成大业，群贤济弘绩。CIEC成立伊始，荣毅仁亲自把舵，招贤纳士，一马当先。

改革开放的历史机缘将一批有识之士聚集在了CIEC的舞台上：既有旧时岁月“熏陶”起来的耆年硕学、社会名流，又有时代变革之际成长起来、怀有一腔报国志、无处施拳脚的中年热血才子，更有风华正茂、才思过人的新一代。这里聚集了老、中、青，群贤毕至。

后来担任CIEC总经理的徐世伟在接受访问时，不无感慨地表示：“咨询公司的特点就是人才的老中青结合，广开言路，各路人马都有，所以它的知识结构比较好，不是近亲繁殖出来的，是百家聚在一起，把各种人才聚集起来，发挥作用。”

找到合适的人，是成就大事的关键。CIEC有一批原工商界的老同志，解放以前他们在上海亲历过市场经济，解放以后，很多人也熟知计划经济，他们不仅具有一定的业务经验，而且对国外华侨和外籍华人亦有一定影响。

荣毅仁请来一批富有企业经营实际管理经验的原工商业人士，参加CITIC筹备工作。在CIEC筹备之际，他又亲自物色一批老知识分子，还专门出面和一些人谈话。他们的专业和能力都是荣毅仁非常看重的，这些人在新中国成立后，都发挥了作用，尽管在反右斗争和十年动乱期间经受过打击，但是他们始终相信共产党，有着与共产党患难与共的独特经历，他们衷心拥护改革开放的国策，希望能继续为国家尽力，这批以“知识报国的人才”被召唤到CIEC的创业平台上。他们表示，这是我们每个人为国出力效劳的千载难逢的机会。

第一届董事会后，又增补了第五届至第八届全国政协常委、国务院进出口管理委员会顾问、煤炭部顾问、原国民政府资源委员会委员长孙越崎为名誉副董事长。他是我国现代能源工业的创办人和奠基人之一，被尊称为“工矿泰斗”。他领导开发了中国第一个油矿——延长油矿，领导创建了中国第一座较具规模的石油城——玉门油矿，为祖国石油工业的飞速发展奠定了基础。

老一辈中，沈达明、李文杰和季树农都是外资管理委员会顾问。季崇威副董事长在CIEC初创时，一直很关心公司的发展，首先将这几位老专家介绍到公司。如季树农是全国政协委员、外资管理委员会的顾问、资深的财会专家。新中国成立前，他任职于国民政府资源委员会，新中国成立前夕，在蒋介石政府计划把重要的工业部门的高级技术人员及设备移往中国台湾之际，季树农配合地下党组织，率资源委员会起义，在其配合地下党策划参与下，资源委员会包括数十万职工、3万多名技术管理人员及工厂设备，都完整无缺地留在了大陆，为新中国经济的恢复和发展做出重大贡献。季树农熟悉很多当时的财会专家，经他介绍的多位财务人员后来都参与到CIEC的工作中，贡献很大。新中国成立以来，财会工作走了弯路，学习苏联的会计制度，后来又简化改为单式的收付记账。改革开放后，面向国际金融，我国的财会制度要与国际接轨。一时青黄不接，找不到合适的专业人才。季树农介绍虞家騋等几位老专家进来，手把手教会了CIEC刚招入的大学毕业生运用借贷方式的复式簿记。

李文杰早年曾是担任著名的救国会领袖“七君子”案的义务辩护律师，亦曾是上海立信会计学校创办人潘序伦之副手，又在上海东吴大学法学院任教授、会计系主任，同时既是律师，又是会计师。

沈达明教授是我国法律界颇具国际影响的法学专家，是国际贸易法学和国际商法学的主要开创者，比较民商法学领域公认的权威，对外经贸法律领域的一面旗帜。

CIEC筹备之时，李文杰、沈达明等法学专家就参与讨论了《中华人民共和国中外合资经营企业法实施条例》、《中华人民共和国中外合资经营企业所得税法》、《中华人民共和国个人所得税法》及其实施细则、《中华人民共和国民事诉讼法》、《中华人民共和国专利法》、《中华人民共和国会计法》、《中华人民共和国律师暂行条例》等法律法规的制订。

顾宪成曾任职于中国银行伦敦分行，后任职于中国国际贸易促进委员会（简称“中国贸促会”），人民银行曾多次邀请顾老就中央银行的法律地位、《中华人民共和国票据法》（草稿）等提供咨询意见。在十年动乱中，顾宪成被打成反动学术权威，从中国贸促会发配到东北一个偏僻小地方的煤厂摇煤球，在“知识无用论”的年代，荒废了他最宝贵的年华。在荣毅仁组阁 CITIC 之时，大家提到这个人不知跑哪儿去了，后来才了解到，他居然被遗忘在那个小地方一直劳动改造。后来在荣毅仁的关心下，把他调回北京，成为 CIEC 的创业者，担任 CIEC 副总经理，主管情报信息、《投资指南》编辑部、法律咨询部，后来兼任中信律师事务所的第一任主任。

回想新中国成立后的一段时期，顾老说：“我没做什么有效益的工作，白吃了 30 年人民供给的饭。1979 年后，眼看古老的祖国一天天复兴起来，逐步走上繁荣大道，而自己又能贡献一份力量，感到无比欣慰。”

据季红回忆，顾老经常是在白日间繁忙的谈判后回到办公室，顾不上吃晚饭，就在台灯下将厚厚一沓英文版《投资指南》稿件一页页进行修改，并告诉编辑哪些地方与中文版有什么区别，如何对应修改。而顾老给年轻人的英文文本稿把关时，都是逐字逐句进行修改，年轻人甚至把这些修改稿拍成照片，珍藏了几十年。据律师们回忆，李文老、沈达明、朱宝贤等老先生对年轻人十分关心，给他们修改的法律文本几乎就是范本。朱宝贤家住上海，长期往返于北京和上海之间，每次一踏进律师事务所的门，就会耐心地回答年轻人请教的一个一个问题，甚至还把有些问题记下来，帮助他们查找各种资料。这些老一辈专家，都在全身心地奉献，一是传授他们的理念，二是传授他们的学识，他们精心培养了新一代的律师，如今这些年轻律师已经成为中国律师业的佼佼者。

除了老一代的翘楚，那些在“文革”中受到压制的人才和在“文革”后成长起来的年轻人，也在CIEC充分展现出自己的活力。

公司副总经理于晏是新中国成立前就参加革命的老党员、老干部，到CIEC前是中国有色金属研究院的副院长；另一位副总经理庄寿仓新中国成立前在东吴大学法学院法律系学习，新中国成立后，曾任七机部副部长刘秉彦、四机部部长王诤的秘书，1979年，庄寿仓调进入CITIC，担任荣毅仁的秘书，后参与筹建CIEC。他们是经历过“文化大革命”的干部，对“文革”有切肤之痛，并对闭关锁国的弊病有着清醒的认识，知道这条路走不通，他们坚持改革开放，向国外学习先进的知识，为发展中国经济探索出一条新的道路。

那一代人走进CITIC大都有自己时代的影子。

郭荃弟来自八机部，北京大学无线电专业毕业。他在科研局专门负责预先研究，这个工作责任很大。在那个年代，国家资金紧缺，有一些科研项目的批准是要进行预先研究的，这与他调到CITIC后所从事的可行性研究是可以接轨的。当时他负责130个项目，管2 600万元的款项，在国家资源有限的条件下，很受国家重视。1979年、1980年郭荃弟到德国、美国去考察，主要是学习借鉴国外一些先进的科研成果，为科研尖端项目前期管理进行预研。1981年，八机部与七机部合并，进而又与三机部合并，成为一个“大衙门”。体制的变化使一心想做实事的郭荃弟找到了CITIC门下。当时庄寿仓副总经理正在组建可行性研究部，需要科研人才，他强调要用理工的思路来处理经济问题，因而认为郭荃弟很适合。1981年12月，郭荃弟正式成为第一个调入可行性研究部的人员，随后李同舟、李顺生、刘惠民等人相继调入。

蒲明书来自航天部一院材料研究所，在清华学习数学力学，改革开放后，机缘巧合，经过理性思考，他最后决定走进CITIC，从而开启了一段充满回忆的人生岁月。

季红是年轻人的代表，因为在水电部门进行设计工作的缘故，她接触到了很多可行性研究类项目，初到 CITIC，“那时候，中国没有咨询公司，没有人知道咨询是干什么的，咨询是引进的概念，但是我们当时做的事在国内都是创新，非常有价值。”年轻人遇到咨询这一新生事物，既有兴趣又满怀希望，不免“心潮澎湃”，对于未知挑战的憧憬占据了她，回忆起来，季红仍相当激动。

还有一批年轻人，如张克、张宏久等，这些“文革”后国家培养起来的青年才俊们在 CIEC 的舞台上很快找到了施展拳脚的机会。

对进入 CIEC 的人而言，吸引他们的是 CITIC 的体制，而且所干的事业是“与众不同”的。对于青年人，他们真是感到又新鲜又好奇，也能从中领悟到 CITIC 在国家对外开放中所起的作用。

中国国际经济咨询公司的创立，让老知识分子得以重生，让中年知识分子找到了舞台，让青年人实现人生的价值。

荣毅仁知人善任，慧眼识才。对此，徐世伟颇为佩服，他说：“为什么说荣老板（中信人在公司内对荣毅仁称谓）这个人不简单，除了他站得高，看得远，另外他会用人，CIEC 就靠这些老专家，政策不但得到落实，而且发挥他们的余热。这些人也没有辜负国家的希望，对得起荣老板，尤其是律师事务所跟会计师事务所，从无到有，这叫领路人。”

艰苦创业

公司的成长和个人的成长一样，也要经历童年、少年而逐渐长成。CIEC的童年是很艰苦的，除了业务上的一片空白，体制上的“拾遗补缺”之难外，其他也都是白手起家。

中国国际经济咨询公司筹备期间
从和平宾馆搬至崇文门饭店

公司筹备期间，CIEC在崇文门饭店15层的两间客房中，每个房间只有区区16平方米，坐了8个人，办公桌椅把狭小的办公室挤得满满的，总经理经叔平也和大家一样挤在一起，使用的是两屉桌，大家出去办事都是挤公共汽车或骑自行车，就连经老下班回家有时也会挤无轨电车，年过花甲的老干部也是如此。崇文门饭店被很多单位租用办公，大家挤在一个食堂打饭，每天中午吃饭要花很长时间排队。虽然各方面条件都比现在艰苦得多，但整个公司充溢着生机勃勃、锐意进取的精神。那时有一个很好的工作氛围，在经老的带领下，大家团结合作，互相配合，有事抢着做，同心同德，忘我地工作，目标只有一个，为CITIC的成长、为国家的开放事业多做工作。CIEC的创业者们聚在一起时，大家都会兴奋激动地回忆当年的情景。

CIEC 筹备组是在 1980 年 2 月建立的。筹备之初，CIEC 的业务方向定位为四个字——“国际”“经济”，CIEC 之后开展的业务也都具有这个特色。

身为 CIEC 筹备组的人员，只争朝夕，时不我待，充满活力，善于钻研，他们并不将工作停留在筹备阶段，而是按照 CITIC 整体工作的要求，边筹备边开展业务，“先内后外”，即优先为 CITIC 服务的原则下，开展了一系列业务工作。

筹备中的CIEC内部设立了情报资料部，一批才俊在情报资料部成长起来，如蒲明书、李建国、范小复、李光力等人。作为最早参与 CIEC 筹备的季红回忆说：“当时我跟秋同、王文涛、吴德义、曾加宁负责情报资料工作。图书室就在一间非常狭小的房间里，那时国家外汇非常紧张，但是 CIEC 和 CITIC 在这方面是舍得花钱的，CITIC 拿外汇订了大量的外刊、报纸，荣毅仁经常直接到资料室来，在书架旁伫立良久，专心阅读国外报刊。我们也经常从报刊中摘出重要的国际经济信息，再加上外贸部征订的路透资讯，路透数据每天都要提供给 CITIC。当年的数据信息是一卷一卷的传真纸，一天要看一大卷，每天到外贸部去取，路透数据取回来后，我们要进行资料的整理和筛选，天天用剪刀、糨糊贴成一个小的简报，给荣毅仁、经叔平送去。第二天还回来，荣老板还要求存放好。这是 CIEC 一块儿重要的业务。”季红回忆说：“还有市场专项调查业务，后来野村委托咨询，所做的事情就是信息咨询。还有柯达胶卷、可口可乐项目最早都是委托情报资料部做市场调查的。”

筹备期间，外商蜂拥而至，他们迫切希望了解中国的投资环境，急于在中国寻找投资对象，寻找合作项目，筹备中的 CIEC 马上开始为编辑《中国投资指南》做准备。与此同时，CIEC 与世界著名的永道公司在人民大会堂联合举办了可行性研究研讨会，首次将“可行性研究”的概念引入中国。

CIEC 接受了煤炭部的委托，负责平朔煤矿的可行性研究，恰逢庄寿仓部队好友朱松春（曾为粟裕大将技术秘书，后就职于军事科学研究院，改革开放后，朱松春醉心于研究系统工程和运筹学，特别是项目的可行性研究）得知，毛遂自荐参与到这个项目中来，同时还推荐了中科院系统所研究员甘兆煦、袁家新、周方等专业人士，他们下班后利用业余时间从北京四面八方，赶路十余里甚至数十里，顾不得吃饭，骑着自行车，风雨兼程，到CIEC办公室研究项目，大家彼此交流，切磋讨论，常常到很晚，但每个人都很兴奋、认真，CIEC的初创人员戏称他们为“游击队”。据说，荣毅仁得悉“游击队”后，甚为满意，特批每月支付20元作为车马费给“游击队员”，以解交通之苦。

随后又有一批中年知识分子来到公司，参加到平朔煤矿的可行性研究中来，他们为日后的可行性研究部奠定了基础。谢承彰、贾德培、李同舟、郭荃弟、蒲明书等，都是在那个阶段相继调入的。

只有非凡的目标，才能激发非凡的努力。在公司创业时期，中国国际经济咨询公司每一个人对工作的热忱往往超过对报酬和工作条件的关注。因为他们都明白，公司的每项业务创新，都意味着改革开放中又一个新的突破，也清楚自己在公司业务发展中所应发挥的作用。

CIEC是一个创业群体，最宝贵的经验有两条，一条是艰苦奋斗，一条是开拓创新。没有艰苦奋斗，一切都无从谈起；光埋头苦干，没有开拓创新的精神，也干不成什么大事。大家从各个领域聚集而来，在这里他们创造了历史，开创了中国一个新的领域，那么，他们每一个人的感受是什么呢？

郭荃弟说，在做柯达胶卷的可行性研究分析时，他手写了110页的可行性研究分析报告，字迹工整，一个字一个字写的。为了做这个报告，他当时就住在单位，到最后阶段，四天四夜不睡觉，不停地在电脑前做可行性分析报告中的数据分析，几乎每天只有吃三顿饭的时间不思考，才能休息一下。

为什么会有这么大的劲头啊，“我就是觉得，我们国家很需要这项事业，很需要有一批专业人员来做这个事情，再也不能仅凭领导干部自己的爱好来拍板做事，来花钱，需要我们专业人员来做一些项目分析了，国家需要走上这个轨道。”郭荃弟说。

这也是所有人的共识，咨询是国家非常需要的一个行业，需要按经济规律办事，做国家需要的事就是CIEC人的使命，他们很自豪！

其实，做项目评估、分析，是很艰苦的，然而转变人观念的工作是更艰难的事，只有大家都按经济规律办事，才能把事情做好。

郭荃弟说：“最难的事情是怎么跟人打交道，怎么学会沟通，怎么了解别人的想法，用什么方式说服别人，如何理解全面情况，让别人能接受你的分析，这是项目落实的关键。”

他说，我们CIEC很多人都是从各部委调来的，在部委工作时拥有权力，即便脱离现实较远，下面单位也要经过我们才能批准项目。而我们现在是咨询服务，不存在权力问题，你要发表你的意见，让人家接受你的观点，才能接受你的咨询。其实国家很需要我们通过这方面工作努力往科学性上靠，而我们要通过做这方面工作，促进各个部委、各个项目往标准上去靠。有一些机构因为各种利益或者为了让项目能过关，他们不接受我们的意见和观点，有的在观念上抵触很厉害，或把我们的方案推翻了，我们要学会让他们接受，做项目咨询时，就要以我们的咨询技巧、我们的能力帮助他们提升。

做说服工作时，困难最大的是说服外方、合资方。尤其是西方大的跨国公司，他们有一套固有的规则和标准，也有自己的谈判模式，简直没有办法去说服，让他们理解中国的情况，是相当困难的。在与柯达谈判时，郭荃弟到美国考察，不停地做说服渗透工作，但硬逼着外国人服从我们是绝无可能的。“过去我们在部委工作时，不用学这个本事，有权力嘛！”他说，这个本事是大家在CIEC学到的。

招贤纳士

千秋基业，关键在人，人才是企业发展所需，也是诸多资源中最宝贵和最难得的。公司成立后，资金紧缺可以设法去筹资，不具备条件可以努力去创造，而没有人才则一切都无从谈起。

充实结构，调动、培养各方面的专业人才，公司利用各种渠道聚集了来自工业、外交、贸易等方面经验丰富的实业家和专家、学者，其中不乏具有一定工作经验和能力的中青年干部。他们都有着强烈的事业心和创业热情，希望为我国四个现代化建设这一共同目标而努力工作。吸收到公司来的可行性研究部人员多半是来自各部委的尖端科研单位，其他部门还从外交部、对外经济贸易部调来一批有外交经验、懂对外贸易、有国际谈判能力的干部。

CIEC 的全部财产就是一批有知识的人，人的素质高低决定着 CIEC 的成败。因此，在筹备过程中，CIEC 开展业务的同时就十分重视对人才的培养。

在 CIEC 成立大会上，毕际昌说："现代化的咨询公司各有业务侧重，但要有一个完整的咨询员班子，从法律到财会，从经营管理到工程技术，各方面的人才都需具备。培养人才迫在眉睫，不是培养一两个人，而是培养造就大批的人员；要把培训作为我们 CIEC 的一项重要和经常的工作；我们不仅为自己培养咨询人员，也接受委托为其他企业、为社会培养咨询人员。因此，必须制订出有长远打算和切实可行的培训计划。"

引进外资在国内是新兴事业，情况复杂，又是一项政策性很强的工作，公司初创时对国内外情况了解不够，经验不足，而国外经济金融情况又复杂多变，这对中青年干部来说是新工作，对老同志来说是新问题。国家正处于政策开放初期，有关引进外资的政策、法律还不完备，CITIC 与有关部门和地区的合作关系还在初步构建中。所有人员都需认真学习，积极钻研业务知识。因此，CIEC就着手从法律、财会和可行性研究等方面对员工进行有针对性的培养，以建立一支完整的国际经济咨询队伍。

CIEC的培训从不同的层面，以不同的形式展开，例如，“走出去、请进来”，以老带新，提倡边干边学，鼓励自学成才，举办多个业务交流研讨会等。公司刚成立就选派年轻有为、外语基础好的人才到国外著名的律师事务所、会计师事务所及高等院校和研究所进修学习，这为公司今后的业务开展储备了一批人才。同时，公司还邀请国内各领域的专家学者来公司讲课。

为了加强对国外的了解，推动CIEC人员对于国际经济、商业、法律的运作模式的开展，CIEC派经叔平总经理赴美参加哥伦比亚大学高级行政人员企业管理课程班学习；派张利娜参加外资委举办的英语学习班；派卢贤林参加北大法律课学习；派程祁昌参加日本长信研讨会。同时，CIEC聘请的李文杰、顾宪成、吕福田、陈仁慕等老同志，在承担了大量咨询工作的同时，还给予年轻人指导和帮助。

从事可行性研究工作的人员大多是有着理工科背景的老大学生，但从未接触过投资行业，所进行的研究还只是初步的，对投资项目进行市场分析和计算项目的内部收益率（IRR）、投资回收期。尽管他们从未做过可行性研究工作，但在朱松春，甘兆煦、周方等专家的帮助和指导下，很快成为该行业的专业人才，日后他们中的一些人成为集团下属子公司的领导人。

CIEC聘请联合国工业发展组织科研部的主任，在人民大会堂举办联合国工发组织编写的可行性研究方法的专题培训班，产生了很大影响。后来，CITIC组织了学习工发组织可研手册的相关培训，所有的CITIC项目经理都要参加学习培训，还要通过考试。从某种意义上讲，CIEC不仅是一家从事专业咨询业务的公司，也是培养专业人才的学校。

荣毅仁十分重视公司文化的建设，他在公司大会上对全体员工说：“今天，我们同外国人打交道，要提倡和发扬社会主义的道德品质。我们是社会主义企业，是业务机构，要经常和外国人打交道，我们的职业道德是什么，体现在什么地方？周总理讲过涉外工作要‘外圆内方’。我体会首要的一点，就是要做到遵守纪律，作风正派。外事纪律人人都要遵守。该做什么，不该做什么，都要用纪律来约束。作风正派就是要在工作中以国家的利益为重，以企业的利益为重。不要为了个人的利益而坑害国家，坑害我们企业。”①

荣毅仁在CITIC第四次董事会的工作报告中，将CIEC开业以来的工作向董事们进行了汇报，对增加咨询服务提出了新的要求。他认为，增强中国国际经济咨询公司的力量，支持公司大力开展国际国内经济咨询服务时，在国内业务中要配合公司投资方向、业务范围和重点行业、地区开展服务，并注意同国内有关咨询机构的协调、配合。在国际业务中要注意总结经验，提高业务本领，在“国际”“经济”四个字上下功夫。一方面承办中外合资企业的咨询服务工作，逐步接受外国，特别是第三世界国家的委托项目；另一方面，承担CITIC在国外投资项目的经济和法律咨询，有的可与国外咨询公司合作进行。要加强与世界银行和联合国开发计划署的联系，扩大与国际咨询机构的业务往来，从中学习业务，培养人才。

荣毅仁董事长提出，有条件时，争取承担一个由世界银行或其他国际金融机构资助的中外合资项目全过程的咨询任务，以锻炼我们的队伍，验证我们的工作质量，开创利用外资工作的新局面。

---

① 1986年11月8日，荣毅仁同志在中国国际信托投资公司全体职工大会上的讲话，《谈中信风格》的一部分。

第二部分 辉煌成就

一炮走红
锋芒再现
借蛋孵鸡
投资指南
市场调查梦之队
项目把关第一站
海外投资探路人
人才培养
行业先驱
经济外交
孵化新机构
窗口功能转型

在中国30多年的改革开放发展中，CIEC常常担当体制创新的旗手，在国际合作中起到了开放窗口的作用，在业务创新中起到了重要的开路先锋作用。这种开创的意义，不仅是对公司本身的开创，也是中国咨询业开创的探路者。

1985年5月19日，荣毅仁在外交学院演讲中进一步介绍了CIEC成立后的发展状况。

CIEC已经与国内外建立了较广泛的联系，承担了各类委托咨询项目八九十个，除了为中美合作开发山西平朔露天煤矿承担国际法律咨询业务，为中美合资经营海上石油钻井业务承担法律、经济咨询和可行性研究与评估工作等综合咨询服务业务外，还接受美国斯坦福国际经济研究所委托，为台尔蒙食品公司做出在上海地区种植水果蔬菜的气候、土壤调查报告等，均获委托单位的好评。此时，世界银行和联合国开发计划署已接受CIEC为正式咨询机构，并纳入其电脑系统，有些单位也聘请CIEC为常年咨询顾问。

1982年9月，中国国际经济咨询公司与美国斯坦福国际研究所签订合作意向书

一炮走红

1979年的中国，可谓百废待兴，“改革开放”的口号也刚刚贴到墙上。此时，中国的经济、文化、科教等各方面犹如初春苏醒的大地上还留有一层薄薄的霜冻。而中国开始实行对外经济开放的政策，还没有吸引大洋彼岸蓝眼睛的目光，国外的大企业，尤其是那些大型跨国公司，仍然对中国的开放持有一种观望的态度。这一年的5月，一架私人波音飞机从大洋彼岸越过了浩渺的蓝色波涛，缓缓地落在了北京。一位美国石油巨头带着20多位专家，进入充满无限诱惑和美好未来的中国，开始了他一生中最为重要的中国之行。这位传奇式人物是美国西方石油公司的董事长——哈默先生。

哈默来了

1898年，哈默生于纽约。他从哥伦比亚大学获得医学博士学位，拥有百万家产。1921年，哈默大学毕业后，听说苏联乌拉尔地区流行伤寒等传染病，就花钱买了医疗设备，去苏联进行医学实习，希望能帮助那里根治流行病。连哈默自己也未曾想到，他从此就走上了经商之道，而且成为世界级富翁。

在苏联开医院期间，哈默发现苏联真正迫切需要的是粮食。于是他找到苏维埃政府官员，希望将美国的粮食运到苏联。由此，列宁接见了这位年仅23岁的小伙子，给了他一些国家特许经营权，他转而成为38家美国一流大公司在苏联的总代表。在苏联的几年经商中，他不仅多次见到列宁，还成为西方著名企业家。由于哈默在苏联困难时期提供了难得的帮助，斯大林、赫鲁晓夫、勃列日涅夫等历届苏联领导人都与他保持着友好关系。困难中的苏联得到了哈默的投资和援助，他对于社会主义国家的认知，要比其他很多西方企业家理解更深刻。

哈默与邓小平的相识，说来颇具戏剧色彩。1979 年，邓小平初访美国时，哈默已是西方石油公司的董事长，由于当时中苏关系微妙，美国政府并没有邀请哈默出席邓小平的招待会。后来哈默回忆说，他特别想成为进入北京的第一批商人。急迫的愿望使“机智”的哈默几番周折终于进入了宴会厅，当他来到邓小平面前时，尚不及开口，邓小平就对翻译说：“你不用给我介绍哈默博士。”他对哈默说：“我们都知道你。你是在苏联需要帮助的时候帮助了列宁的那个人。现在你可要来中国帮助我们呢。”[①]晚上活动结束时，邓小平再次重申了邀请。哈默告诉邓小平：“我一旦拟定好一些切实可行的建议，并搭起一个经理班子，马上就到北京和你见面。”

仅在短短的两个月后，哈默就乘坐私人飞机降落在北京。此时，煤炭部正在通过招标的方式寻找年产 1 500 万吨的平朔露天煤矿的外资合作伙伴，哈默带着合作意向来到了北京，选择的恰恰就是平朔煤矿这个项目。哈默知道该怎么与社会主义国家打交道，邓小平接见哈默之后，他又先后受到谷牧、王震和荣毅仁的接见。

作为首批进入中国的美国企业家，哈默与中国进行了多方面的经济合作。而这个项目在当时中外合资经营的经济项目中是最大的一个，也是哈默在中国投资最大的一个项目。

“谈”何容易

然而，1979 年开始的谈判并非一帆风顺。在国内，煤炭部邀请了各方面

① 王伟群 . 艰难的辉煌 [M]. 北京：中信出版社，2010：108.

的专家学者，就这个合作项目在技术、财务、法律以及综合经济效益等方面进行了反复论证。

项目交给了CITIC，CITIC受煤炭部的委托，提供了项目的经济咨询和法律咨询服务。这个项目太大了，咨询工作持续了三四年，公司除了李文杰、顾宪成这样老一辈经验丰富的律师出面参与外，还特地邀请了对外经贸大学的沈达明教授参加谈判，由郑淑君律师辅助沈达明教授谈判。情报资料部为可行性研究提供了煤炭市场的预测报告，可行性研究部为此项目提供了财务分析，法律咨询服务是最艰苦的，经过充分的考量，才确定与哈默的合作协议。

国外公司到中国来投资，除了带外国自己的律师，还要有中国律师配合。CITIC与哈默的西方石油公司谈判，由CIEC法律部的郑淑君与沈达明顾问参加。他们根据中国法律规定，什么可做，什么不可做，并参与法律文件起草，帮助审核全部文件。CITIC谈判组还聘请了美国谢尔曼—斯特灵律师事务所和永道会计师事务所作为法律顾问和经济顾问。在谈到融资阶段时，哈默提出他的投资金额采用全部向银行贷款的方式，从银行借钱来投资。用投资的收益来还银行，还提出由中国银行担保。郑淑君说，当时中方对这种融资模式不能理解，心里极为抵触，认为投资就应该是企业拿自己的钱，即使是银行贷款或担保，也应由西方的银行或金融机构来负责。

具体到了商谈融资方式和条件时，情况突变。谈判过程中，国际市场煤炭价格一路下滑，不到两年的时间里，煤炭吨价已经从52美元下降到了20美元。美国人的谈判热情骤降，合作条件也越来越苛刻，包括大幅压缩中方工作人员的薪酬。后来，他们提出的融资方案是采用银团贷款，又提出让中国银行担保，而用于抵押的资产却是中国地底下的煤炭。

郑淑君的回忆并不轻松，当时有很多问题都想不通，很害怕被人指着脊梁骨说签了一个“卖国条约”，国家找到CITIC，CITIC又将重担交给了CIEC，

CIEC 作为煤炭部的法律顾问，却和哈默在谈判中陷入“持久战”，她产生了对立情绪。不仅是郑淑君，那时候在公司内部、在煤炭部，也有很多人愤愤不平，让中国的银行出钱，然后赚了钱归哈默自己。整个谈判过程，气愤、不平、无奈、着急……各种负面情绪影响着中方谈判人员。哈默的手段现在看来就是“项目融资”，他是在玩资本运作。当时他说：“我不要让中国掏钱，我们自己融资，我拿到利润后在中国继续投资，继续拿出来在中国融资和担保。”

平朔煤矿的谈判也磨炼了郑淑君等人的意志，他们不停地说服，不停地谈，谈累了，晚上在办公室拼几把椅子，睡上几小时，起来接着谈。后来很多项目就是这样“谈”出来的，“沟通”出来的。

郑淑君后来深有感触地说：“首先是心态上要开放、平和。要对外开放，就要引进外资，不能抱着对资本主义的仇视情绪。有时面对外方提出的一些无法接受的条件，不是高喊一句爱国口号就能解决的……在谈判中要有理有据。比如，我们能否同意用矿产资源作贷款抵押的问题，当初国内还没有法律法规对此做出规定，是我们国家有关部门在查阅了包括《六法全书》和其他有关国家的法律后，得知很多国家的法律都禁止把矿产资源作抵押。有了这样的依据，我们的回答就坚定得多了。”实际上，这个谈判过程十分宝贵，这对未来中国融入世界，对中国熟悉国际惯例都是一个重要的起点和开端。

CITIC 主谈判人沈达明的气场“震撼”了美国人，据说，在谈判中，双方吵得非常厉害，来自美国的律师当时压根儿就看不起中国的律师，然而，几番交锋下来，这些傲慢的美国律师都很佩服沈老。“沈教授轻易不发言，但是一发言，争吵成一片的会场就鸦雀无声了。西方石油公司的律师，有的时候趁沈教授不在，就把脚跷到桌子上，但是沈教授一来，他们就规规矩矩的。”由于有沈达明这样的法学前辈的“手把着手教”，CIEC 才在和哈默的斗智斗勇中，逐渐占据了上风。

荣毅仁与哈默就安太堡煤矿项目进行会谈

先后访华9次，哈默也数次与荣毅仁会面。“红色”成了这位年近九旬的美国人与荣毅仁之间不寻常的交集点。荣毅仁对哈默说：“你是资本家，见过列宁；我也曾是资本家，干社会主义。我们两个都是资本家，可以谈得拢。”[①]而今，他们“谈拢”的是如何将这个中国最大的合资项目落地。平朔安太堡露天煤矿是世界上最大的露天煤矿，一期工程设计年产量为1 533万吨。在中国经济建设的快速发展阶段，缺煤缺电，能源供应不足成为卡脖子的大事。邓小平说，中国过去搞800万吨的煤矿，大体上需要10年建成，时间很长。像平朔这样的项目，我们应该采取非常热情的态度。

关键时刻，荣毅仁直接过问并指导了平朔项目，从这个时候起，CITIC

① 王伟群. 艰难的辉煌 [M]. 北京：中信出版社，2010：108.

正式加入了与哈默合作谈判的阵营。身负“窗口”使命的CITIC熟谙国际规则，与西方大资本家打交道得心应手。

平朔煤矿项目是CIEC进行的第一个可行性研究的大项目。甘兆煦、郭荃弟等进行了平朔煤矿可行性研究的财务分析。那时的条件比较差，做现金流量表，通过分析每年投入产出、成本利润等要素来计算内部收益率，当时没有电脑，每一个数字都是他们手算出来的。这么庞大的数据体系，项目谈判在等待，怎么办？荣毅仁拿出了他从国外带回来的一部小型计算器，借给CIEC使用。

这个项目最早是怎么进行的？郭荃弟回忆了一个细节，生动地再现了当时的情景。时间太紧，白天在办公室一个数一个数计算，在小计算器上把手指都敲疼了，晚上回家又发动群众，把老婆、儿子都动员参与进来。他老婆是铁道兵政委旷伏兆中将的女儿，在农科院搞科研，有专业能力，自然被他列为主力，老婆念数字，他敲计算器，儿子在旁边记录，一个点一个点地算出一年的数据，再一年一年地计算连续多少年的数据，用这种方式计算出内部收益率（IRR）来。

1982年3月24日，中美合作双方关于开发平朔煤矿的协议书正式签订。这个协议的签署表明了中国政府坚定不移地执行对外开放政策，中国愿意在平等互利的基础上开展对外经济技术合作。

邓小平冒雨参加了签约仪式，平朔煤矿项目就此成为中国对外开放的风向标。

1984年4月，西方石油公司下属中国公司终于与平朔第一煤炭有限公司正式达成在山西平朔安太堡共同开发价值为5.8亿美元的煤矿协议。

平朔安太堡煤田总面积18.35平方千米，储量4.5亿吨，一期工程年设计生产能力1 533万吨，合作年限20年。作为牵头银行，中国银行为该项目组织了由11个国家和地区的商业银行参加的“有限追索权的项目贷款”，贷款金额为4.75亿美元，期限为10~12年，这是中国第一次采用这种融资模式为大型能源项目引进外资。

山西安太堡露天煤矿

平朔煤矿合作项目不仅让中国人学到了西方露天开采的新技术，也让中国人了解了西方惯用的项目融资方式。露天煤矿的谈判给郑淑君上了很好的一课。中国国际经济咨询公司在此项目中除了承担煤炭部法律顾问，还全程参与了平朔安太堡露天煤矿的可行性研究和市场调研工作。

在以后的很多年，平朔安太堡露天煤矿合作项目一直是中国对外招商引资金额最大的一个项目。

大开眼界

平朔安太堡露天煤矿在1985年7月1日终于剪彩开工，世界上最大的矿车开到了雁门关外，煤矿工人使用量大大减少，劳动效率是井工开采的几十倍。这一景象让中国人大开眼界。当时中国年产量仅300万吨左右的普通露天煤矿，需要的工作人员达16 000人左右。而平朔安太堡煤矿的设计年产量为1 533

万吨，定员只有3 000人。这就是我们要追赶的先进的生产力，先进的生产方式。

山西安太堡露天煤矿

1987年9月，平朔安太堡露天煤矿建成投产，9月13日，邓小平第五次会见哈默时说，中国最大的对外合作项目山西平朔安太堡露天煤矿的建成又一次表明，中国改革开放的路子走对了。

平朔煤矿给我国煤矿工业的改造树立了样板，让中国人学到了很多东西。凡是看过美国露天矿的人们都会说，平朔安太堡煤矿就是把美国西部的一个露天矿原封不动地搬到了中国。露天矿采用的穿孔、爆破、采煤、排渣、复垦工艺流程，包括土岩剥离和原煤作业两大系统，这些全部采矿工序都实现了机械化作业。机械化程序为100%，资源回收率高达95%以上。

除了先进的技术与设备，美方还带来了一套西方高效率的管理模式和管理制度。这些远比一个项目的收益更加重要得多，学习技术、管理模式和制度，更多回合的谈判，培养了大批专业技术人员，积累了大量国际交往经验。煤炭工业从此打开了新的局面。

此后，中国自己建的煤矿，例如陕西神府煤田、内蒙古鄂尔多斯等项目实际上都采用了平朔的模式。另外，也促进了基础设施的建设。当时国家落后，平朔没有长途电话，没有运煤专用铁路，此项目将铁路线直接修到秦皇岛港口。后来，为了开采煤田，又修了很多铁路，现在很多运煤的专用线在中国形成了一个相当规模的体系，由此带动了铁路专用线的网络建设。基础设施问题解决后，煤炭产业开始在中国蓬勃发展了。中国煤炭的产量出现了井喷式的爆发。过去中国煤矿大都是几十万吨的生产规模，而平朔煤矿的规模大到 1 000 多万吨，这让中国人看到了先进的生产方式、先进的生产技术和先进的生产工具。

回眸往事，郑淑君所感叹的不仅是哈默的“机智”，还有在和真正的“西方资本家”打交道的过程中，学到了现代融资方式和相关的法律知识。尽管当时指责这个项目是“李鸿章卖国贼”的人不在少数。但是党中央领导，邓小平、叶剑英、王震等国家领导人都多次会见哈默，荣毅仁、经叔平亲自指导把关这个项目。

在中国改革开放史上写下浓墨重彩一笔的平朔煤矿项目，是由 CIEC 全程参与的可行性研究工作，并顺利完成了《平朔煤矿中美合营可行性初步分析报告》，这个轰动一时的合资项目“居功至伟”，为中国开放事业奠定了基石。

在 20 世纪 80 年代初，“摸着石头过河”是一个普遍现象，对 CIEC 来说更是如此。但是，河总是要过的。

锋芒再现

西方石油公司与中方合资开发山西安太堡平朔煤矿签约的消息不胫而走，引起急于进入中国电梯市场的美国奥的斯电梯公司（OTIS）的关注。该公司董事长向哈默先生请教进入中国市场的经验。

“不打不相识。”在历时两年多的谈判过程中，哈默先生及其团队，看到了作为中方顾问中国国际经济咨询公司的实力。于是，哈默先生建议：到北京去，请 CIEC 当你们的投资顾问。

天津奥的斯电梯公司

双重顾问

1983 年 5 月的一天，奥的斯董事长拜访了正在美国出差的时任总经理经叔平，提出欲聘请 CIEC 做顾问，全面负责 OTIS 与中国天津电梯公司组建合营公司的前期工作。因为他知道 OTIS 是美国 UTC（联合技术公司）的子公司，该集团的高级顾问——黑格将军，曾任北大西洋公约组织（NATO）总司令，在西方极具影响力。如果能助其进入中国市场，无疑会大幅度提升我国电梯制造业的水平；若能承担并圆满完成如此具有国际影响力的大公司之委托，对于 CIEC 来说，还会继平朔煤矿项目咨询后，扩大其在国内外的知名度。

此时，CIEC 副董事长的季崇威十分关注此项目，他建议经叔平将此项目接下来。这时他已调到国务院发展研究中心工作，但对中国电梯工业的发展布局仍很关注。中国第一家中外合资迅达电梯公司是中国合资试点企业，季崇威在外资委时直接参与审批，并为此与建设部部长到瑞士迅达公司去考察。此后，机械行业出现一种趋势，各省市踊跃发展电梯行业，年产几部电梯的小厂都加入了这个行业，想分一杯羹。而电梯是需要有高超的专门技术和安全性保障的。国务院及政府主管部门希望在几个大区指定有条件的企业在引进迅达后再引进 OTIS、三菱、日立等成熟的技术，设立几个合资企业。此时，恰逢 OTIS 主动要求进入中国市场，季崇威也希望 CIEC 接下这个咨询项目，因为它在行业布局中有着战略意义。经叔平欣然接受这个建议。CIEC 领导强调，OTIS 项目是 CIEC 挂牌以来接受的，须由 CIEC 独家完成一揽子任务的项目委托。其成败不仅事关 CITIC 和 CIEC 的声誉，而且会影响我国在改革开放中的国际形象。

作为合营的中方——天津电梯公司，乃市属企业，缺乏涉外经济经验，于是聘请 CIEC 为其投资顾问。这样，CIEC 成为双方的红娘，极力去促成中美合资企业尽快组建起来。

急人所急

公司经理办公会决定：从现有各部门抽调精兵强将，组建 OTIS 项目工作组，可行性研究部的李顺生和财会咨询部的张克，自始至终负责此项目的可行性研究。当时，张克虽然在财会咨询部，但他一直参与各大项目的可行性研究财务分析。法律咨询部郑淑君负责合同、章程及其他法律文件的起草工作。项目工作组其他成员有蒲明书、卢贤林、洪如丁、曾加宁等，他们分别来自情报资料部、法律咨询部和财会管理咨询部。

美方要求 CIEC 在他们谈判之前要做投资分析，并明确要求我们出一个可行性研究报告，他们将据此报告来判断最后是否投资，并确定在 1983 年 7 月 1 日，CIEC 需要提交关于中国未来电梯市场需求的结论性意见，供 OTIS 总裁来中国与中方就合资规模谈判使用。仅一个月的时间，就要 CIEC 拿出结论。

当时美国 OTIS 是全球最大的电梯制造商，业务遍布全球 200 多个国家和地区。100 多年来，一直致力于研究、开发、制造、安装、维修和保养各类电梯、自动扶梯、自动人行道等运输系统。他们是世界知名地标建筑物电梯的主要供应商，如纽约帝国大厦、世贸中心、巴黎埃菲尔铁塔、悉尼歌剧院、多伦多电视塔、马来西亚石油大厦等。1900 年，中国使用的第一部状如囚笼的老爷电梯，就出自这家公司。直到 20 世纪 80 年代初，它仍在上海和平饭店“咣当咣当”地运行着。但令美国 OTIS 沮丧的是，中国开放后他们在中国一直没有自己的电梯制造企业。

合资中方天津电梯厂是第一部国产电梯的制造厂，中国电梯行业的老大。在开国大典上，就是这家公司的牵引机，把五星红旗高高升起在天安门前的旗杆上；两年后，也是该厂生产的电梯，把毛主席、周总理等国家领导人送上天安门城楼；但是到20世纪80年代初，由于设备陈旧、技术落后，该厂电梯产品在国内市场缺乏竞争力，面临生存压力。

1979年7月8日，《中华人民共和国中外合资经营企业法》公布后，美国OTIS预见到未来中国电梯市场将有着巨大需求，率先来我国与电梯行业的主管部门——建设部洽谈合资事宜，而当时中国选择的第一家合作对象是瑞士迅达公司，OTIS一直渴望挤进中国市场，天津电梯厂则面临着生存压力。于是乎，双方谈判欲成立中国第二个电梯合资企业，在中国电梯市场占有一席之地。尽快搞清中国电梯市场的需求，则成了美国OTIS和天津电梯公司首先要做好的功课。

时间就是金钱，时间也是市场，美方怎能不急！

为了打消主管部门的顾虑，并争取其他部委的支持，必须用数据向有关部门表明：随着经济的高速发展和人民生活的提高，现有的电梯供需无论在数量上还是在质量上，都难以满足中国未来巨大的市场需求。如果能引入像美国OTIS这样的行业巨擘，吸引外国的资金、技术和管理在中国的投入，则会在整体上提高中国电梯制造业的水平。因此，做好中国电梯市场需求的预测，不仅涉及双方的投资决策，而且还直接关系到天津OTIS项目能否从主管部门获取准生证的问题。

委托方的意图清楚了，CIEC急人之所急，答应了委托方的要求。但如何能在如此短暂的时间内完成任务呢？

协同作战

“工欲善其事，必先利其器。”正确的思维方式就是做好咨询顾问的利器。项目组成员基于缜密的科学思维，选择调查对象，划出资料收集的种类和范围，并设计出简而易行的需求预测模型，以求在规定时间内获取有限的原始数据，利用预测模型，对中国未来电梯市场的需求量做出令人信服的预测结果。

此时CIEC分管可行性研究部的副总经理庄寿仓、分管法律咨询部的副总经理顾宪成和可行性研究部经理谢承彰，都是OTIS项目工作组的后盾。为了短时间内能收集到5个样本城市的基础数据，领导们统筹安排，抽调人员，充实调查队伍，分赴天津、上海、广东、沈阳和北京实地调查。

6月的中国，除了沈阳还有一丝凉意外，其他地区已是“赤日炎炎似火烧”。调查人员靠乘大巴、骑单车奔波于当地的规划局、建设厅、图书馆、房建公司。一天下来，灰头土脸，筋疲力尽。各路外调人员硬是按时带回资料，及时整理数据，集思广益，终于在规定的日子交出了令中美双方满意的答卷。合资谈判，从此驶入快车道。

尽管美方已委托CIEC为顾问，但对CIEC的研究能力仍不放心，他们又聘请了斯坦福研究所（SRI）的专家来中国“帮助”CIEC。在听了关于中国电梯市场需求的预测思路和模型介绍后，这个人连声说OK。从那以后，再也不见这个专家的踪影。

根据项目可行性研究报告编制的要求，CIEC必须把前一阶段对中国电梯市场的研究成果形成文字报告，作为OTIS项目可行性研究报告的第一章——中国电梯市场需求预测。这项工作，交由情报资料部的蒲明书去完成，其他成员则随项目负责人李顺生和郑淑君，转入项目的财务分析和法律谈判的咨询工作中。市场需求预测章节草就后，送CIEC副总庄寿仓审阅。读后他认为报告很有价值，希望扩大战果，把电梯市场的研究结果写成专题报告，上报当时的国家经委。于是，在他的指导下，由财会咨询部的张克主笔，撰写了《关于发展中国电梯制造业的若干建议》，以CIEC的名义呈送上报，季崇威看到这份带有战略性的报告很是称赞，他将此报告推荐给国家经委和国家计委领导，记得时任国家计委副主任的甘子玉曾说过这样的话，凡是引进外资的项目要经中国国际经济咨询公司提出可行性报告，这无疑给了初入咨询行业的新人一份鼓舞和激励。

下一步工作——合资项目的财务评价，首先碰到的问题是合资规模的确定。这不仅关系到企业的经营规模和合营各方的出资额，还关系到这个项目由谁来审批。按双方商定的企业规模，项目总投资为 1 000 多万美元，须报国家计委和经贸部审批。当时天津市的审批权限不超过 500 万美元。时任天津市副市长的李岚清同志过问，希望这个项目能由天津市政府自己审批。为此，李顺生经与郑淑君商量后，提出了一个巧妙的建议：把合资规模定为 500 万美元，超过这一限额的资产投入，以租赁的方式引进来。此建议一举两得，既可满足合资经营规模的实际需要，又能把项目的审批落入天津市的权限内，立即得到中外双方的赞同。

对于 CIEC 承担的财务评价工作，美方也持同样的心理，从香港调来会计师“协助”，并带来他们用 Lotus 1–2–3 编制的财务分析模式，那时，我们仍然在使用 BASIC 语言。这对于 OTIS 项目组而言，无疑也是一次学习机会。李顺生吸取美方分析模式的优点，硬是在 CIEC 当时仅有的一台康柏（COMPAQ）电脑上，完成了符合中国法规的合资项目的财务分析。

可行性研究报告的另一部分——“工程技术”章节，在中美双方技术人员的配合下，由 CIEC 负责编写，因为项目咨询人员有几位是理工科专业出身的，如今重抄旧业，游刃有余。

在项目的可行性研阶段，以李顺生为首的财务分析小组唱主角，而郑淑君为首的法律咨询组为其后盾。他们不仅提供了与财务分析基础数据相关的法律法规，还帮助把中外双方认可的可行性研究报告译成英文，经 CIEC 副总经理顾宪成校阅定稿，由法律咨询部打字员杨山打印成中英文本。与此同时，法律咨询组成员也掌握了财务分析过程和结果，为其在合资谈判中当好双方利益的平衡器做好准备。

时任天津副市长李岚清（左二）与经叔平（右一）参加中美双方签署天津奥的斯项目合作协议

在一个周五的上午，CIEC 把厚厚的中英文《中外合资天津奥的斯电梯项目可行性研究报告》送到天津市，经中美双方代表签字认可后，就地连夜复印若干份，分送到市里的有关部门。紧接着天津市主管部门开会审查，顺利地通过了由 CIEC 项目工作组编制的这份文件。

接着，在双方认可的可行性研究结果的基础上，开始了各项法律文件的起草工作。文件的起草，经常伴随着双方各为其主的利益争夺。这一阶段，该由郑淑君为首的法律咨询小组登场唱主角，而项目可行性研究小组退居幕后，关注起草的法律文件是否准确地反映出财务分析的前提和结果。因为 CIEC 是双方的投资顾问，在文件起草谈判中，决不可偏袒任何一方。出现分歧时，只能在中国法律和国际惯例的基础上，多做解释和协调工作，把双方拉近，达成共识。CIEC既当好了红娘，又起到了利益平衡器的作用，在整个合资法律文件的起草过程中，没有遇到太大的麻烦。而项目可行性研究小组成员，在配合法律咨询组工作的同时，也学到了不少法律知识。到此，CIEC项目组把成立天津OTIS合资企业所需的全部申报文件，按时高质量地完成了。

可圈可点

OTIS项目，不仅载入CIEC的史册，还编入公司的宣传材料中。虽然时间过去了30多年，但这段往事至今仍为项目参加者和后来人津津乐道。因为，其中可圈可点之处实在太多，主要有以下几点：

1. 在执行这一委托的一年半中，CIEC上下齐心，协同作战，充分发挥现代企业提倡的团队精神。而来自不同部门的项目组成员，服从分配，优势互补，缜密思维，精心设计，吃苦耐劳，赢得了中美双方的尊重。

同时，该项目的成功也成就了当年主要的参与者，如郑淑君、张克、李顺生和蒲明书等。有人调侃道，完成了天津OTIC项目咨询，他们才有可能搭上OTIS电梯在国际大厦和京城大厦步步高升。饮水思源。应该说，正是由于CIEC组织的这次协同作战，这些参与者才有机会“在战争中学习战争”，从项目中脱颖而出。

2. 为按时给客户提供中国电梯需求的预测结果，具有深厚专业基础的项目参与者，吃老本，并结合兰德公司开发的“特尔菲法”，设计出一套调查方法和预测模型。它们像一把把钥匙，迅速地打开未来电梯市场需求数据之库的大门，为争取项目尽快得到政府批准，获取了令人信服的论据。“他山之石可以攻玉”之说，在此又得到印证。对于“半路出家”从事咨询的业务人员而言，这个方法论将继续引领他们去开创 CIEC 的新局面。

3. 在 CIEC 介入一年半后，即 1984 年 12 月 1 日，“中美天津奥的斯电梯有限公司”成立。这个项目是继平朔煤矿项目圆满结束后，CIEC 完成的具有国际影响的另一项委托。

鉴于 CIEC 项目组在工作中表现出的敬业作风和专业水准，美方与天津方面在讨论合资比例时，一致同意让出 5% 由 CIEC 的母公司——中国国际信托投资公司（CITIC）持有。他们说，我们不缺钱，而是通过 CIEC 看到了中信人的高素质，看到了 CITIC 将会在合资企业中发挥不可替代的作用。CITIC 在天津 OTIS 合资企业中获得 5% 的出资比例，是 OTIS 项目带来的副产品，是 CIEC 对母公司做出的财务贡献。

CITIC 按 5% 的出资比例，1984 年投入人民币 75 万元（其中含 CIEC 咨询费）。17 年后，CITIC 从天津 OTIS 退出。其历年分红加上股权转让所得共计人民币 9 497.84 万元，是当时投入的 127 倍。

今天的天津 OTIS 怎么样了？今非昔比。用该公司副总裁蒋鹏环的话来说，“天津 OTIS 发生了翻天覆地的变化。其间，美方两次增资，外资比例由最初的 30% 增加到 59.7%，合资公司现已由美方控股，成为世界最大的 OTIS 电梯生产企业。”

CIEC，作为当初 OTIS 项目中外双方聘请的咨询顾问，终于看到中国已成为世界最大的新兴电梯市场和电梯生产国，其电梯需求和产量已远远地超过了当初 OTIS 项目的预测。继瑞士迅达、美国 OTIS 进入中国后，日本三菱、东芝、日立、韩国现代等世界知名电梯制造商，相继接踵而来。如今的中国电梯市场，已是龙争虎斗，百舸争流。对此，CIEC 感到无限欣慰。

天津 OTIS 项目，令 CIEC 锋芒再现，名利双收，成为西方大公司进入中国首选的桥梁和指路人。

借蛋孵鸡

1978 年，囿于中国的经济现状，国家 22 项重点工程中的大项目——江苏仪征化纤一期化纤工程项目，原设计能力为年产化纤原料 50 万吨，相当于当时全国化纤的总产量，总投资为 10 亿元人民币，当国家已投入 3 亿元资金购买设备后，因资金不足，国家决定将江苏仪征化纤总厂建设项目叫停，准备下马。这个项目生产的涤纶短纤维、聚酯切片，都是国家急需的，当时每年要花 20 亿元进口棉花和化纤原料来弥补纺织工业原料的缺口。让既有经济效益，又有社会效益的工程下马，这对国家损失巨大，而仪征化纤退无可退，陷入困境。最困难的时刻，纺织工业部找到了曾经担任过纺织工业部副部长的荣毅仁。

发债融资

当时 CITIC 的账面上只趴着百万元人民币的资金，对纺织业怀有深厚感情的荣毅仁想，这样好的项目为啥要下马呢？资金不足为什么不能向国外借呢？一定要设法救活仪征化纤工程！

江苏仪征化纤工业股份有限公司厂区

一日，荣毅仁和中信公司董事王兼士聊了起来。王兼士提出，以公司项目的名义，在海外发行债券筹集资金，再与地方开展合作。“我们不要只当‘红娘’，我们也当一回‘假洋鬼子’。”这就是后来在中国经济发展中起过重要作用的“中—中—外”模式的起始：由 CITIC 在海外发债筹集外汇资金，然后再与国内急需投资的企业共同组建公司，或由 CITIC 与海外公司共同成立合资企业，再回过头来投资国内企业。这种方式既不违反国家政策，又可顺利解决极度短缺的资金问题。企业用发行债券的途径，所筹资金期限较长，资金使用自有，购买债券的投资者无权干涉企业的经营决策，现有股东对公司所有权不变，债券的利息还可以在税前支付，并计入成本，因此，发行债券是国际上许多企业愿意选择的筹资方式。对于一国政府和国际组织来说，在国际上发债也同样是筹措资金的重要渠道之一。

荣毅仁马上意识到了这一模式的可行性。此时纺织部领导又来找荣毅仁商量，仪征化纤已没有退路，国家不可能拨款，可否靠银行和国内外借贷集资兴建，由仪征自己承担风险，还本付息？“试试在国外发债券吧。”荣毅仁大胆地提出了在国外发债券的主张。他说，外国公司经常以发行债券的方式来筹集资金。

发债融资，本来就是信托业务的重要内容之一。1979 年，CITIC 筹备之初向国务院提交并获批准的 CITIC 章程，规定了公司的业务范围之一就是：“在外国发行公司债券或代理发行股票组织资金，投资于国内。”

想法有了，但发债主张一提出，则各种舆论扑面而来，一些人说：“中国是社会主义国家，怎么能搞资本主义那一套！”还有一些人说：“为什么到资本主义国家发债券，给中国丢人！”荣毅仁耐心地开导，他说：“外国哪个大企业不借钱？恐怕只有夫妻老婆店，烟酒杂货店不借钱。”他认为，父亲荣德生早在 1909 年就提出“只有欠人赚下还钱，方有发达之日”的经营理念，在新条件下也是可以利用的。

投资只要有效益，而且是适度的，不是盲目的，借债并不可怕。就是看你怎么借，怎么用，怎么还的问题。李先念副主席“借得到，用得当，还得起”的指示，就指出了借债上的全部功夫，关键是个“用”字。运筹帷幄，用之得当，对经济建设是有利的。

还有人认为，“政府贷款和进出口银行贷款都是低息的，为什么中信要采用发行债券利率高的方式。” 在一片质疑声中，荣毅仁冷静地分析判断，他认为，低息的政府贷款区别在于，政府贷款必须用来购买债权国的商品。而我们用发行债券筹集到的资金可以进行自主选择，哪个国家的设备好，就引进哪个国家的设备。

这种为国家盘算的“生意经”更高人一筹，而这种商业头脑、眼光更需要实事求是，需要有丰富的市场经验。

到哪里发债更合适呢？首次发债是否能成功？解救仪征困难的责任重大。中国对外开放以后，日本的很多大银行和证券公司都非常看好中国的市场，他们要为日本的资金找到出路，日本几大证券公司和银行都相继来华考察投资环境。1980 年 3 月，大和证券率先访华，这是 1949 年以后第一个访问中国的外国证券公司。而大和证券的访问对象是成立不到半年的 CITIC，访华团在北京访问 3 天，每天都到崇文门饭店和荣毅仁会谈，为访华团团长做翻译工作的是青少年时代曾经在中国生活了 13 年的德地立人。1964 年，他曾经随着身为援华专家的父亲来到北京，后来就读于北京大学中文系，1977 年大学毕业回到日本。20 年后，德地立人又回到北京，1997 年他被中信证券公司聘为副总经理。德地立人随大和证券访华团在北京的最后一天，与 CITIC 共同签署了双方的协议书。

在日本人看来，CITIC 虽然为首次发债，信用度为零，但是 CITIC 发行的债券无疑等同于中国政府发行的债券，其身后有着政府的强大后盾，于是他们到 CITIC 来宣传业务，表示愿意为 CITIC 发行债券服务。经过与日本金融界多方磋商，并向国务院提出申请发日元债券，国务院领导批准后，CITIC 决定以自己的名义在日本首次发行日元私募债券 100 亿元。

此次发行成功后，CITIC 勇于创新，一再试水，借鉴发达国家在发展经济中行之有效的方法，先后在香港、伦敦、法兰克福、新加坡、纽约等国际金融市场发行债券，为国家电力、能源、交通等基础设施建设筹集资金，CIEC 也为历次发行债券进行咨询服务。

在 20 世纪 80 年代初的中国，除了需要摒弃“一无内债，二无外债”的传统观念，打破不用西方国家政府贷款的思想“禁区”，也需要补充向发达资本主义国家融资、借贷、发债的专业知识。对外开放，从事国际经济合作，贸易往来和技术交流，同国际资本打交道，是一门科学。不但要有丰富的理论知识，专业造诣，还得有实际运作的本领。那时，大家都不知道债券市场是怎么回事，日本的武士债券是怎么回事，野村证券又是怎样的一个机构，急需弥补这方面的知识，由此，CIEC 与野村证券进行合作，在 CITIC 进行了多次专业讲座。一方面，CIEC 出面组织办好讲座，另一方面，翻译了大量的讲义和其他资料，使证券知识在 CITIC 员工中迅速得到普及。CIEC 积极参与到该项目中来，并为其提供相关法律文件的起草等法律咨询服务，以及情报资信等方面的咨询服务。

1981 年 3 月，CITIC 向日本野村证券公司发出了发行 100 亿日元私募债券的意向书。野村证券公司是日本四大券商中最大的一家，在日本市场上的认购能力和销售能力很强。

1982 年 1 月 18 日，野村证券公司田渊节也社长致电 CITIC 董事长荣毅仁：关于中国国际信托投资公司拟在日本发行日元私募债券的期限及条件已由相关方面达成协议。野村证券成为此次 CITIC 100 亿日元私募债券的主承销商，东京银行为代理行，定向向 30 家金融机构募集。此次武士债券的期限为 12 年，年利率为 8.97%。在日本极受欢迎，很快被抢购一空。CITIC 将其中的 80% 投资于仪征化纤。

这是新中国成立以来我国第一次在海外发行债券，开新中国在国际金融市场之先河，有着重大意义。CITIC 很快就被国际市场所接纳，成为“全球最经常面市的发行体之一”。从 1982 年在日本发行债券后，CITIC 在国际上的信用度被评为 AA，这对一个“新生儿”来说是不容易的，并且为 CITIC 此后发行更多的国际债券打开了通道，而充裕的国际资本也终于找到了与中国发展对接的轨道。

仪征模式

CITIC 成功发行日元私募债券后，中国正式建立了国际债券发行窗口制度，中国银行、中国投资银行、交通银行、CITIC 等 10 家金融机构被指定为对外发债窗口，融资额迅速增加。从 1982 年至今，中国发行日本武士债券共计 9 100 亿日元，占中国海外发行债券总量的 50%，为国内经济建设筹集到了宝贵的资金，在推动资本积累、推进技术进步和促进中国经济 30 年高速增长方面，发挥了不可忽视的作用。

发行日元债券效果如何？实践给出了最好的回答。有了这笔资金的支持，1985 年，仪征化纤联合公司一期工程建成投产。当年产涤纶短纤维和聚酯切片 18 万吨。当年获利 1.3 亿元人民币，1986 年税利 2.7 亿元，1989 年税利 3.5 亿元；1988 年就实现盈利 11.06 亿元，几年间全部还清债务。此后又建成二期、三期工程，国家计委说，这是一个“投资少，速度快，效益好的典型”。

荣毅仁说："资本回来了！"其实回来的不仅仅是资本，还赚回了一个新的大型化纤联合企业。这一投融资做法，一时被誉为"仪征模式"，首开中国利用国际债券市场引进外资的先河，也让 CIEC 更多地了解了国际金融市场的模式与运作方式。

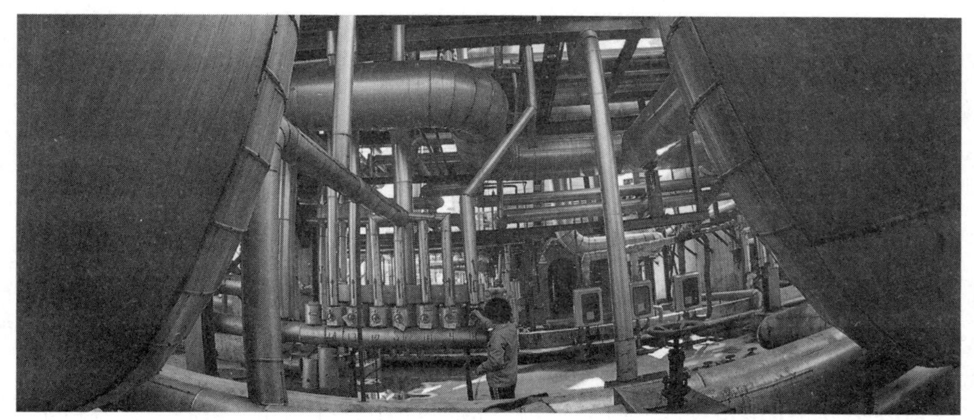

江苏仪征化纤工业股份有限公司厂区

后来，"仪征模式"打破了"既无内债，又无外债"的定式，CITIC 的仪征项目负责人潘廉志生动地进行总结，他说："借外国的蛋，孵中国的鸡，鸡下了蛋，除了还清外国的蛋外，剩下的蛋就属于我国所有，还可以再孵小鸡。这样蛋孵鸡，鸡生蛋，蛋再孵鸡，无穷无尽地循环发展下去，就能加快发展我国经济建设的步伐。"

此后，CIEC 又承接了数十项像仪征这样大大小小的项目，真可谓身经百战。当然，在此过程中，也遇到过无数次阻力和异议。这些阻力和异议或源于旧观念、老框框的思想束缚，或囿于从部门、地方利益出发的局限性。对此不可能总是采用先统一认识、步伐一致后再行动的方式，而是要勇敢地去实践、摸索、创新，在实践中取得经验，增强共识。在摸索中逐步展开，在不断试错、积累经验的基础上逐步加大步伐。关键的是，要有敢为天下先的创新精神！

撇开意识形态的破冰意义不谈，CITIC 此举更是对现行投融资制度的根本颠覆。

投资指南

在CIEC如火如荼的事业中，有一项业绩不仅是为CITIC的辉煌事业增添光彩，CITIC的历代领导都会提及，而且这个业绩在30年以后依然被CITIC引以为豪，久久难忘。

20世纪80年代初，对外开放的脚步正在加快。外商想来投资，国内企业也急于寻找外资及合作渠道，都需要有信息，各地投资环境如何，国家鼓励、限制哪些项目，都需要得到指导。

当时在国家外资委主抓对外开放的季崇威找到荣毅仁，提议由荣毅仁成立一个委员会来组织编撰一套中英文版的《中国投资指南》，主要是向海外投资者介绍中国的投资环境、利用外资政策以及相关的法律法规。随即，CITIC组建了一个各相关部委领导担任编委的高规格的编辑委员会，由季崇威出面担任编辑委员会主任，荣毅仁担任编辑委员会的顾问。

编辑《中国投资指南》第一版时，世界知识出版社的王殿辰编辑调到CITIC担任责任编辑，英文版由顾宪成负责。第一版内容比较单薄，1981年由中国银行的香港机构《经济导报》在香港出版发行中英文版。

为了扩大影响力，CITIC决定在全球发行《中国投资指南》的中英文版，并与当时国际著名出版机构英国朗文公司（Longman）签订合同，由CITIC编撰，朗文公司在全球出版发行。CIEC组建成立了编辑部，在荣毅仁亲自关怀和指导下，落实这套中英文版大型工具书的编辑出版工作。

1982年1月24日，荣毅仁在中国吸收外资的中外记者招待会上的讲话中，向中外记者宣布："为了对外国来华投资者在咨询服务方面提供方便，中国国际经济咨询公司正在着手编辑《中国投资指南》手册，将于今年（1982年）

上半年出版。这本手册内容主要是向外国朋友介绍中国政治、经济等方面的概况，中国吸收外资的政策、法律条例和解释，吸收外资的管理机构及专业公司，省市地区的投资条件，来华投资的途径、手续和程序以及中外合资企业的典型案例介绍，等等。这本手册提供了截至1981年底的比较准确的最新资料，将中英文两本出版，在全球发行。”①

荣毅仁在中外记者招待会上这么郑重、这么详细地介绍一本即将出版的指南，是想让全世界了解中国在改革开放后发生的变化，展现出中国改革开放后的形象。

作为中信人，公司开拓创新的精神渗透于每个人所从事的工作当中。“在当时信息和交通等条件十分落后的情况下，组稿非常不易，编辑要拿着介绍信，一个一个部委、一个一个省、一个一个单位去分别约稿，所有的国家机关和各省市机构的稿件都必须以盖着红章、公文的形式行文，效率极低。”季红回忆说。由于当时CIEC是与国外合作出版，合作协议对出版时间及稿件质量都有严格要求，而那时很多对外开放城市和特区还没有像样的宣传材料，甚至连区域开放的示意图也没有，于是，CIEC既要组织各省市及中央各部委撰稿，又要组织国内地图专家去绘图。

当时顾宪成老先生已是年近80岁高龄，英文稿件都要由他审订，他的办公桌上总是堆满了厚厚的稿件，每份稿件上都写满了密密麻麻的英文字。从1981年到1984年连续四版的英文稿件，每本都是七八十万字，每一版都是由顾老认真审改的。

参加法律部分翻译汇编的张宏久至今还珍藏着四版的原书，他开玩笑说，这可能是绝版了的。这是CIEC做的又一件特别牛的事，这么大影响力的书让

① 1982年1月14日，荣毅仁在中国吸收外资中外记者招待会上的讲话，《积极吸收外资，开展中外经济技术合作》。

年轻人挑大梁编写，又是国际化运作，直接在全球发行，还倒着由中国图书进出口总公司从英国进口，至今也还没有这样做的。

《中国投资指南》从第二版起，领导开始启用年轻人，让季红担任《中国投资指南》的责任编辑。她说：“我当时精神非常紧张，因为这本书要求比较高，与第一版相比，中国投资环境的变化和开放力度加大，需要扩充很多新内容，法律法规也增加很多新规定，几乎是完全改版。时间特别紧，又是全球发行，对于从来没有涉足过出版业务的我来说，深感责任重大，此书又是由英国著名的朗文公司在全球出版发行，我知道这担子的分量，但还是咬着牙把担子挑起来。”

《中国投资指南》发布会

发布会上，经叔平答记者问

2015 年 10 月 30 日，在中信改革发展研究基金会和中信出版集团组织的一次大型国际论坛上，邀请了美国前国务卿基辛格来做主旨演讲。主办方中信集团董事长常振明热情洋溢地介绍了基辛格对中美关系的推动作用。随后，常振明说：“当年中信编辑的《中国投资指南》在对外开放，推动外资进入中国市场领域做出了巨大的贡献。”言出，会场上的老中信人一脸自豪。尤其是坐在主席台下第一排的中信出版集团副总编辑、《经济导刊》杂志社社长季红更为感慨，她就是当时编辑《中国投资指南》的责任编辑。殊不知，这在今日看来十分简单的工具书，在当年有着何其艰辛的“编撰”之路。

《中国投资指南》出版后，1984 年 10 月，朗文公司在全球进行推广宣传，经叔平和顾宪成专程到英国参加《中国投资指南》的首发式，英国首相撒切尔夫人应邀参加了这次首发式。首发式之后，撒切尔夫人特邀请经叔平到唐宁街 10 号首相府进行了一次私人会晤。一时间，欧美各大新闻媒体对《中国投资指南》大量报道，这部书名副其实地成为中国对外开放、引进外国投资的指南针。很多国外大图书馆及大老板的书架上都有这部书。

此后，《中国投资指南》又分别与日本研究社、中国的台湾智胜文化出版公司合作出版了日文和中文繁体字版本。《中国投资指南》也是中国第一部国外著名出版公司向全球发行的中外合作编辑出版的中英文版大型工具书。

经叔平与顾宪成赴英国参加《中国投资指南》首发式

《中国投资指南》国内发布会

市场调查梦之队

改革开放之前，我国长期实行的是计划经济。上项目，定规模，几乎都由各级政府部门拍板定案，并划拨所需的建设资金。投资项目的前期工作，仅局限于项目选址、工程设备、技术工艺等方面。项目产品的配给和定价都是被计划所确定的，因此，上项目根本不存在做市场调查的必要性。

改革开放之后，我国开始向市场经济转型，鼓励利用外资，提供各种优惠政策来吸引外资。外商需要了解中国市场及中国的投资环境，因为市场需求是项目生存的前提，盈利的来源。于是做好市场调查，就成为外商来我国投资前的当务之急。

其实，市场调查并不是舶来品。时任 CIEC 总经理的经叔平曾经说过，旧时上海滩流传着这样的经商 12 字诀，即“你无我有，你有我好，你好我转”。这其中蕴含了深刻的经营之道——市场理念。“你无我有”，意味着发现产品需求，抢占市场先机；“你有我好”，说的是要密切关注同业竞争，重视提高产品质量；“你好我转”，告诫企业不可安于现状，要及时推陈出新，开发具有优势的新产品。而这些，都离不开对产品市场的了解和掌控。商家欲在市场竞争中立于不败之地，必须随时了解市场状况。因此，市场调查不可或缺。

市场调查的内容主要包括：产品需求、销售价格、供给来源、供求关系、生产规模和成本、同业竞争态势、消费者偏好及其购买力、政府的相关规定。同时，在对现有市场调查的基础上，还要对上述内容做出预测。市场调查是一门多学科，跨专业，技术含量高，且又十分辛苦的工作。

打开局面

当国人尚不知市场调查为何物时，CIEC 已首开先河，开始接受外商委托做起这项业务来。

CIEC 这项业务的服务对象，基本分为 3 类：

一是中外合资企业或外商独资企业拟投资的项目。提交的市场调查报告，既是为他们的投资做决策参考，也是项目可行性研究报告的第一部分。

二是在海外观望的大公司。他们要了解其产品在中国目前和未来的市场需求和竞争力，欲用其产品销售投石问路，然后再决定是否在中国合资或独资，或设立商务代表处开展对我国的贸易。

三是海外的研究或咨询机构。把他们接受的市场调查课题中关于中国的部分，委托给 CIEC。

1982 年初，CIEC 接受的第一单市场调查委托，来自于中美合资平朔煤矿项目。委托方要求对项目生产的动力煤在远东地区的需求及价格走势做出预测，属于平朔煤矿项目可行性研究的范畴。

情报资料部蒲明书承担了这项任务。初来乍到，他关于市场调查的概念和方法前所未闻，国内鲜见有关资料和图书，更无案例可循。他原是七机部一院的科研人员，所学专业是工程数学力学，毕业后一直与航天技术打交道，如今却让他潜入商海去研究动力煤的市场。为了收集预测所需的基础数据，他奔走于北京图书馆、煤炭部情报所，一笔一画地摘录所需论述和统计数据；并走访经贸部的能源研究所和五矿公司煤炭进出口部门，请教那里的专家学者和销售经理；同时，还参阅了美国和日本的能源研究机构发表的研究报告。就这样，他边学边干，夜以继日，六易其稿，终于写出了《远东地区动力煤的需求及价格趋势预测》的市场研究报告。

CIEC的市场调查业务首战告捷。这份市场调查报告，被公司领导推荐给国务院技术研究中心，作为市场调查案例，收录到他们主编的《可行性研究及经济评价》论文集里。

不久，市场调查的委托接踵而来。情报资料部蒲明书，与可行性研究部的李顺生合作，接受中海油公司委托，对金属钴短期价格走势做预测，为金属钴的进出口贸易决策提供依据；与财会咨询部的张克进行了若干年的价格预测，多年以后他再审视，发现预测的准确度极高。他们共同合作写出《石油钻井平台需求及租金的预测》报告，张克把预测过程和结果，描绘在长约1米的图纸上。线条清晰，字迹工整，被CIEC副总经理庄寿仓戏称为“清明上河图”。这是一份很有分量的报告，为中美合作开发海洋石油决策选择钻井平台的来源，发挥了重要作用。当年，接受林业部的委托，蒲明书还完成了中密度板的市场预测。

后起之秀

随着中国投资环境的不断改善，外商委托的市场调查项目源源不断，从事市场调查的专业人才不断涌现，郭小朋就是其中的佼佼者。

郭小朋是学习发电机制造专业的。毕业后供职于北京电力科学研究所。在改革开放形势的感召下，她于1984年投身到CIEC。26年间她一直从事市场调查工作，直至退休，持之以恒的精神令人感叹。她成为CIEC市场调查的专家，并获得高级经济师职称。

最值得称道的是：她不畏艰险、吃苦耐劳、刻苦钻研、信守合同的敬业精神。她以专业水准和职业道德，多年来赢得了客户的尊重，建立起稳定的客户群，其中多为回头客。如美国通用电气公司（GE）、美国通用汽车公司

（GM）、美国摩托罗拉公司（Motorola Inc）、英国石油公司（BP）、法国阿尔斯通（ALSTOM）、美国杜邦公司（DUPONT）、法国施耐德电气有限公司（Schneider Electric SA）、挪威海德鲁公司（Norsk Hydro A.S.）、大日本印刷公司（DNP）、韩国 SK 集团、美国 FMC、美国驻华使馆农业处、美国农业协会、泰国驻华使馆商务处、英国四十八家集团等。这些客户，都是国际知名大公司或政府机构。

一次，郭小朋接受了一项委托：为挪威某生产民用炸药的公司，做中国同样产品的市场调查。这类炸药，多用于矿山开采和工程爆破，其生产和销售受到政府的严格管制。我国的炸药生产厂家数量有限，都建在偏远山区。她锁定的第一家调查对象——位于黑龙江省鸡西地区的奋斗炸药厂。这是一项特殊的市场调查任务。

郭小朋对于此项调查，至今历历在目，整个调查过程充满了艰辛和危险。尽管炸药项目特殊，郭小朋仍然单枪匹马，前往调查对象所在地。那时，交通不便，从北京到目的地，必须数次倒换交通工具。北京至哈尔滨乘飞机。因初冬的哈尔滨下起了大雪，导致飞机晚点，错过了开往牡丹江的列车。在车站，偶遇原本也要搭乘这趟列车经牡丹江前往鸡西老家奔丧的陌生人。无奈之下，郭小朋见他还算老实，于是与他合伙打了一辆出租车前往牡丹江。那时天色已晚，大雪纷飞，人地生疏，万一途中遇到坏人，或出现车祸，连及时报信的通信工具都没有，因为当年还没有 BP 机和手机。出租车终于比火车提前到达牡丹江站。

突然，陌生人改口说，咱俩仍乘这辆车继续前行直达鸡西吧。郭小朋顿时感到不对劲，质问道，“你什么意思啊？到鸡西你算到家了，而我却两眼一抹黑，大黑天我找谁去啊？”心地善良的郭小朋看此人不像骗子，真要骗人也不会以奔丧诅咒自己亲爹为由去行骗，答应了这位陌生旅伴的要求。出租车风雪兼程，一路摸黑到达鸡西，时间已是晚上10点多钟。

半路上还出现一段有惊无险的插曲：警察拦车查验乘客身份证。

“由于我的身份证是手写的，反而让同车陌生人紧张起来。”郭小朋后来轻松地回忆道：“此人认为，你去炸药厂而且身份证又是手写的，怕不会是特务吧。”

警察知道：我国早期身份证的信息，确实有用手写的。经过几番盘问，确认郭小朋不是嫌疑犯而终于放行。陌生人继续上路奔丧而去，而郭小朋抵达调查对象所在的小县城时，已是半夜12点，错过了与炸药厂方约定的接站时间，今宵不知何处去，心中一片茫然。“天寒白屋贫。”这里能找到的旅馆其实就只有一家鸡毛店，提供的最好房间也设施简陋，卫生极差。此时，郭小朋疲惫不堪，简单洗漱，穿着棉衣立即钻进黢黑发亮的被窝和衣而睡，一觉到天亮。可以想见，在这月黑风高之夜，一路上孤身一人，作为女人说不害怕是假的。

第二天一早，用旅馆座机电话与炸药厂联系上后，工厂派车把她接到了此行的目的地——生产炸药的奋斗化工厂。“天道酬勤”，郭小朋头顶CITIC光环，千里迢迢，一路风尘，来到这荒山野岭之地，感动了厂方，赢得了信任，顺利地完成了这项特殊的市场调查任务。

其实，郭小朋不过是CIEC市场调查佼佼者的代表，退休前担任CIEC投资咨询部的总经理，成为公司这项业务的骨干。其他从业人员，如顾心阳、胡立萍、张学先、胡柯、陈义正等人，他们的专业能力、职业操守和工作业绩，都很出色。在完成客户委托的过程中，他们各自也有令人感动的经历。

郭小朋和她的同事们是CIEC做市场调查的后起之秀，成为公司市场调查的梦之队。这支梦之队，还创造了惊人的工作效率。他们曾接受美国柯达公司（Kodak）的委托，调查电子信息处理在中国各行业和政府各部门的应用，要求在三周内交卷。当长达340多页的英文版市场调查报告，按期送到委托方的手中时，他们十分惊讶："你们怎么可能在两个星期内完成？"

"他们哪里知道，我们每晚都要工作到凌晨两三点，第二天还要照常上班。"郭小朋回忆道："既然CIEC接受了客户的委托，就必须按时按质完成。因为，这涉及公司的信誉。"

他们受市场经济观念浸染多年，不仅知道时间是金钱，而且效率也是公司信誉的保障。良好的信誉，是公司业务持续发展的生命线。尽管在工作中，他们吃苦受累，但毫无怨言。

边干边学

对于不同客户的委托，CIEC人员事先都要做好功课：学习相关行业知识，了解涉及调查行业的术语或行话。在调查对象面前，俨然也是半个业内专家。这就便于在调查时，与对象进行无障碍而又深入的专业对话，易于获取所需资料。

在20世纪90年代，国内陆续建起了很多现代化饲料加工厂，市场竞争激烈，厂家对产品市场调查的委托随之而来。CIEC的襄理顾心阳承担了第一项市场调查委托——饲料加工行业，他至今记忆犹新。之前，他曾在飞机设计研究所工作10多年，但是他并未因过去是从事高科技研究工作，而对此调查掉以轻心，他阅读了不少关于现代饲料加工技术、养鸡、养猪、养鱼基础知识的书籍，还走访了这方面的专家。于是，做起市场调查来，就得心应手。后来，他又参加过断奶食品、胶印机、建筑机械、汽车改装、塑料、石油催化剂等行业的市场调查。

"每个项目都不一样，每次都需要从头学起"，他说，"做市场调查，真是一个极好的学习过程。干什么，学什么，边干边学，相互学习。同事各有所长，不乏行业高手，还邀请外面专家讲课。尽管这项工作十分辛苦，但得到的回报是让头脑增值。”

中国国际经济咨询公司市场调查业务团队

通过30多年的市场调查实践，CIEC摸索出了一套获取原始资料的路径，建立起数据资料库，掌握了处理数据和分析问题的能力，形成了市场调查的系统方法。由于委托市场调查的客户，几乎都是外国公司或机构，且多为回头客，因此公司的这项业务收入一直稳定且呈增长态势。他们长期坚守，把市场调查这项业务，做成了业界品牌，并延续至今。

项目把关第一站

项目可行性研究，是20世纪30年代美国开发田纳西河流域发展起来的一套系统的分析法，学科上属于技术经济学，方法论属于系统工程学。从那以后，这种方法不断得到充实和提高，并扩展到各个领域，为越来越多的国家所采用。它的产生和发展，是社会生产力发展到一定程度的产物，标志着人类在投资活动中的思维能力、管理能力日趋成熟。掌握可行性研究方法，必须具有复合型的知识结构。

大潮呼唤

在我国计划经济时代，项目的选择和规模的确定，几乎全由政府计划部门按照"国民经济综合平衡"的方式去布局和规划。项目建设资金由政府划拨，只有企业流动资金是从国家银行贷款。建设项目前期工作侧重于选址、设备与技术工艺、工程概算。那时也对项目做经济评价。但是主要基于国家层面，重点测算项目建成后对国民经济的贡献，比如上缴的税金和利润、提供的就业机会、带动地区的发展等，到了改革开放后，这一套就不灵了。

随着外资的不断涌入，在西方市场经济国家早已行之有效的项目可行性研究已成为外商投资前中国企业必做的功课，当时被列入我国主管外资部门审批项目的程序。

西方资本的本性是逐利的，投资项目要有利可图，"害怕没有利润或利润太少，就像自然界害怕真空一样。"本性的另一面是谨慎投资，极力规避投资风险。按照外资企业的惯例，投资前一定要做好项目的可行性研究，预测盈利，防范风险。就是说，要通过项目可行性研究，为资本投入把好第一道关。

同时，可行性研究的结果，对于有合伙人参加的项目，如合资或合伙项目，还能为参与方提供重要的谈判筹码。项目可行性研究得出的经济效益，好比一块未来共同制作的大蛋糕。蛋糕如何切，风险怎么分担，是合资谈判的核心。“知彼知己，百战不殆”，才不会在讨价还价的谈判中落入对手的圈套。

为了有效地利用外资，我国颁布《中外合资经营企业法实施条例》规定，申请设立合营企业，必须由中外合营者共同向审批机构报送合营各方共同编制的“可行性研究报告”。

1987 年，中国国际经济咨询公司部分成员参加世界管理咨询大会合影

对于项目可行性研究的重视，已经从利用外资项目扩大到国内所有投资项目，尤其是重大项目，标志着我国对项目投资管理能力的日臻完善。

“游击队员”

在 CIEC 筹备初期，逐渐聚集起了情报、法律、财务、工程技术、国际关系等方面的专业人才，而项目可行性研究方面几乎为零。由于 CITIC 成立的消息，是与《中外合资经营企业法》在同一天《人民日报》头版见报，此后带着投资意向或具体合作项目的外商，朝着CITIC——我国利用外资的窗口，纷至沓来。主管筹建 CIEC 可行性研究部的庄寿仓，心急火燎，求贤若渴。

项目可行性研究，确实是舶来品。尽管有少数人先知先觉，但从无操刀机会，更谈不上实战经验。当时，庄寿仓决定从科研机构或工程设计院招聘工程技术人员，让他们边干边学。因为“在战争中学习战争”，从来就是一条颠扑不破的入门之道。

尽管庄寿仓本人的专业背景是俄语翻译，他在担任四机部部长王诤和七机部副部长刘秉彦的秘书时，对尖端科学之“高大上”也有所耳濡目染。他知道，国家级科研机构或工业设计院的工程技术人员，很容易转入可行性研究的门道。因为，可行性研究属于技术经济学与系统工程学交叉的应用学科。庄寿仓这一独到眼光、择人的标准，对于 CIEC 可行性研究队伍的建设，起到重要作用。

庄寿仓还决定：为聚集所需人才，要采取“请进来与公司培养”并举的方针。首先是“请进来”——邀请对可行性研究关注已久的外部学者为公司搭架子，传道授业。

“请进来”的学者有：军事科学院研究员朱松春、社科院技术经济所研究员周方和袁家新、中科院数学所研究员甘兆煦、中科院大气所王士诤。这几位资深的学者，在专业上都有建树，中国实行改革开放后，紧接着又迎来了科学的春天，给这些科研人员带来了信息，他们抱着为国家建设科学化而贡献自己的才能、知识报国的使命感，以及对荣毅仁创建经济咨询的认同感，聚集在CIEC的平台上，愿意利用业余时间为CITIC服务。他们在私下里被称为“游击队”。

早在“游击队”初期，3位“游击队员”：朱松春、甘兆煦、袁家新就开始承担由煤炭部委托的“平朔煤矿项目”可行性研究中的财务分析。

可以说，在CIEC成立前夕，“游击队”已经初步具有完成项目可行性研究中关于市场调查和财务分析的能力。而这两部分，正是当时国内工程设计院的空白，也是项目审批部门最关心的问题。

后来，老庄陆续从七机部、八机部、中科院招来几位工程师，以解人才短缺的燃眉之急。尽管一时未能办好调进手续，但这些“准中信人”如约于每周二和周五的晚6点至10点，聚在当时公司所在地——崇文门饭店的办公室，开始向“游击队”成员学习项目的可行性研究。家住南苑或西郊的，单车往返，风雨无阻。“准中信人”有谢承彰、李同舟、贾德培、郭荃弟、蒲明书、李顺生等。他们大都40岁出头，年富力强，多为所在单位的技术骨干。

军科院的朱松春从可行性研究的基本概念讲到研究内容，对这些“准中信人”进行“科普教育”。他编印了一本薄薄的《可行性研究方法》小册子，作为“游击队”教材。“这是我阅读的第一本介绍可行性研究的资料，”蒲明书后来回忆道，“尽管这本小册子尚属可行性研究的基础教材，但那时读后却感眼前一亮，把我带进一个前所未闻的崭新学科。”两位社科院的研究员周方、袁家新，则是数量经济和技术经济方面的专家。他们也把相关经济学原理，深入浅出地灌输给“准中信人”。

“在这里，我听到许多新名词、新概念和新鲜事。透过朦胧的学海烟雾，依稀可辨一条新的求知路径横在眼前。”蒲明书在他的回忆文章中写道：“正是他们提供的知识，为我职业生涯的变轨加注了新的燃料。”

“游击队”，不仅是业务学习班，更是工作队。他们利用业余时间去完成 CIEC 业务部门的委托。

项目把关

“万事开头难，难的不是可行性研究方法本身，而是当时没有相应的计算工具。”郭荃弟这样说。

因为在“游击队”时期，军科院朱松春和社科院周方等老师，已经把“准中信人”领进了这个领域。CIEC 成立不久，首先来中国开拓业务的普华（Price Waterhouse）有限合伙人孙似钦女士，组织了 7 人演讲团，在人民大会堂举办“可行性研究”专题讲座；接着永道（Coopers Lybrand）也跟进。这两家都属当时国际八大会计师事务所之列。他们的演讲，增进了可行性研究部成员对这一方法的理解。

但是做项目财务分析，需要收集和处理涉及项目投入和产出的大量数据，门类繁多，相互勾连，并要鉴别其真伪或正误；然后按照中外合资企业的会计制度，编制预测四类报表；据此计算出中外出资方关心的各项财务指标。那时没有电脑，全用手工计算，费时且容易出错。最麻烦的是计算盈利能力——内部收益率（IRR）。

作为可行性研究部正式调入第一人的郭荃弟，立即投入到“平朔煤矿项目”的财务分析中来。他饶有兴味地回忆道：“从老庄那里知道：荣老板手里有一个 HP 计算器带 IRR 计算功能。于是让他去借来使用。我拿回家里，老婆一旁给我念数，儿子在身后盯着，一个数一个数地算，得出每年的现金流量，然后把这组现金流量，按要求全部输入到计算器里，由此节省了许多时间。”不久公司从香港购回一台康柏（COMPAQ）小微机，使用 BASIC 语言编程，计算手段才有了较大改善。但是，与现在带有财务软件 Excel（电子表格）的电脑相比，仍然像是原始人取火用的钻木。

郭荃弟说，“平朔煤矿项目”的难点，在于郑淑君参与的法律谈判。争论的焦点在于项目融资方式的担保问题。我们做财务分析的，那时才从中知晓国际上通行的这种融资方式。后来 CITIC 在澳洲投资铝厂，也用这种方式融资，可行性研究部派人去做项目评估，对此似曾相识。

“平朔煤矿”项目咨询的圆满结束，使 CIEC 一炮走红，可行性研究部也崭露头角。

CIEC 成立不久，李同舟、刘惠民、贾德培、蒲明书、李顺生、李绍极、李秀芝、缪世骏、郑群英、陈力群等也陆续调入。部门经理谢承彰身体力行，带领这批人把触角伸到海陆空，涉及公司内外若干个行业。

可行性研究部快速起步，咨询委托应接不暇，各自为战，相互配合，业务进入了成长期。这个部门自从脱胎于“游击队”之后，就以“精明、能干、高效”著称。

“庙小神通大”，别看这个部门人数不多，可都是精兵强将。他们要把被“文革”耽误的时间找回来，其聪明才智和工作热情在这里得以井喷式地爆发，大都可以拉出一串在 CIEC 完成的项目清单。

以下是可行性研究部几位“元老”的业绩“清单”，所列项目都是在公司有一定影响的。

谢承彰，作为部门负责人不仅要管理部门，还要组织业务的实施。他跑遍了大半个中国，为 CITIC 寻找投资项目，为 CIEC 开拓咨询市场，他同时承担了咨询项目，其中有：“平朔煤矿”、“云南鲁布革水电站”（世行项目）、“云南黄磷与电厂联营”、“武汉与美国康宁合资生产光纤”、“江苏利港电厂”等。在他的领导下，可行性研究部生龙活虎，业务风生水起。他为这个部门的创建和发展，做出了较大的贡献。

郭荃弟，在“平朔煤矿”项目咨询结束后，先后又参与的项目是：“珠海啤酒”、“GTE 用户交换机”、“上海贝尔电话合资”、“中美合资厦门福达感光材料”、“华美生物工程公司可行性研究”等。

第一个饮料项目是澳门首富马万祺的儿子到珠海投资啤酒厂，郭荃弟负责进行市场调研及可行性财务分析。郭荃弟说，这个项目给他非常深的印象，啤酒厂就是水厂，买啤酒就是买水，不会倒闭，虽然当时中国有 130 个啤酒厂，都没有形成生产规模，都是小型的，但是生产的弹性大。

李同舟，参与的项目有：“中北出租汽车公司”、“土耳其水电站”。

贾德培，相继担任中国海洋石油总公司、南海石油公司、渤海石油公司的财务顾问，分别参加他们与美国贝克公司、英国海达公司、日本三菱重工“合营建造半潜式钻井船”的项目。还为中国海洋石油总公司、挪威潜水工程公司“合营水下作业工程公司”和荷兰泥浆公司“合营泥浆公司”担任项目财务顾问，协助南京和西安的显像管厂利用外资生产彩色显像管项目，为成立中国海洋直升机专业公司，编制项目建议书和可行性研究报告，为国家税务局完成“各种征税模式对国家利弊的研究”课题。此外，作为投资顾问，还陪同 CITIC 领导出访洽谈项目投资。

李顺生，可行性研究部第二任经理。1983 年，作为天津 OTIS 项目可行性研究的负责人，他带领团队不仅完成项目的财务分析，还承担了《中美合资天津 OTIS 电梯项目的可行性研究报告》的编制工作。值得一提的是，他提出“通过租赁资产以降低项目总投资”的方案，为项目审批赢得了时间。此后，他完成的项目有：“中国江苏三得利食品有限公司可行性研究报告”、“南美智利铜矿投资机会研究”、“巴—新铜矿投资机会研究”等。

李绍极，承担“广州标致汽车合资企业”项目的财务分析，对项目做国民经济评价。

李秀芝，首先参与中日合资三得利项目。为CITIC与美国碧翠丝（Beatrice）合资成立“中萃食品公司”做可行性研究，这个项目生产美国可口可乐公司专利产品可口可乐、雪碧、芬达等软饮料。这是中国第一个软饮料合资项目，当可乐等产品一经面世，很多的商品消费者都转着圈排队争相购买。不仅是国人在家门内就能买上大瓶装的可口可乐，而且体现出人民的生活消费水平已悄然变化。生活水平提高后，人们已不满足仅仅享用老字号的北冰洋汽水，他们希望享用更多品种的饮料。李秀芝后被该合营公司留下，为其在国内投资其他食品项目做前期工作。

郑群英，可行性研究部第三任经理。仅在这个部门工作4个月就调往天津公司任副总经理。他做过的项目有“山西钢厂与西德克虏伯合资生产特钢”。

蒲明书，可行性研究部第四任经理。先在情报资料部做市场调查，参与CITIC投资加拿大纸浆项目评估工作。任务完成后，对口CITIC海外投资部，为其评估海外投资项目。他完成的项目还有“加拿大萨省钾盐矿”、“澳大利亚波特兰铝厂”、“赞比亚谦比希铜矿”等。他还与谢承彰一起，完成了“利港电厂”项目的财务分析。

缪世骏，曾任CIEC副总经理。先后组织并参与的项目评估有：“广东水利工程”、“故宫地下展厅”、“江苏岩盐矿井工程”、“拉萨布达拉宫工程”。他还协助CIEC总经理经叔平，从当时的国家计委争取到作为国家计委委托“评估国家重大项目”的第二家咨询公司的资格。

陈力群，做过的项目有：“北京从美国引进优质奶牛”、“西安阿房宫大酒店”。

继他们之后，一批年轻人先后也加入到这个行列中。他们是：陈晓军、吴军、陆文宇、孙允和、洪如丁、宋京、李光力等。由于他们好学上进，在老同志的传帮带下，很快摸索到可行性研究方法的门道，有的能独当一面，有的甘当助手。借助配备“Multplan”财务分析软件的电脑，可行性研究部如虎添翼，提升了工作效率，令其成为 CIEC 的重要部门。

可行性研究工作引起了 CITIC 领导的重视。CITIC 计划部规定：凡投资总额超过人民币 2 000 万的项目，均须由 CIEC 出具可行性研究报告或评估意见。于是，CITIC 业务部（中信兴业公司的前身）成为可行性研究部的大客户，涉及其资源、轻工、机电、纺织、钢铁、汽车、有色金属等各业务处。无论他们与合作者接洽，还是项目谈判，可行性研究部都要派员参加。达成组建合资企业或参股意向后，还需由该部出具可行性研究报告或评估意见书。

社会传播

CITIC 作为国家改革开放的窗口，责无旁贷要承担历史赋予其对外开放窗口功能的社会责任。作为 CITIC“长子”的 CIEC，理所应当为母公司分担。CIEC 的可行性研究部，除了做好本职工作外，还通过登台讲课、编写文件、著书立说，把投资项目把关的技术——可行性研究方法推广到全国各地，促进了我国利用外资的健康发展。

登台授课。随着中国对外开放，外商纷至沓来，令各地外办招架不住，纷纷急电 CITIC 派人传授有关合资项目的可行性研究方法。

可行性研究部经理谢承彰和蒲明书还曾被公司派往江苏南通登台“救场”。

那时去南通的交通十分不便，只有水路和陆路，而经上海去南通的船票须提前购买。等他们辗转从陆路赶到南通时，较预定时间已晚了两天。主办方硬是让学员就地等待，因为他们太需要来自 CITIC 的经验。听课者都是市属各局的外办干部。其实，就中外合资项目的前期工作，CIEC 仅先行一步，但所讲内容，仍令其耳目一新。

南通之行，拉开了可行性研究部以讲课方式承担社会责任的序幕。自此，贾德培、李顺生、缪世骏、郑群英也出现在各地由政府、高校、报社、公司、社团及工业设计院举办的利用外资培训班的讲台上。他们结合自己的经验，介绍项目可行性研究和项目评估方法，以及相关的电脑计算程序的编制。其中郑群英对外讲课，一直坚持到退休后的2000年。

对蒲明书而言，曾作为经贸部特邀专家，对与来自联合国工发组织（UNIDO）的专家们同台授课，仍记忆犹新。

1986年春天，对外经贸部为了培训不久将赴德国汉诺威参加国际投资博览会的代表团成员，在其培训中心举办培训班，培训内容就是工业项目的可行性研究。第一课“项目可行性研究概论”，由蒲明书来讲。这一次，他没有按UNIDO在《工业可行性研究报告编制手册》中制定的大纲逐条宣讲，也没按组织方的课程计划安排去讲，而是借系统论的思路重新组织授课内容，把项目可行性研究必须涉及的方方面面都展现在学员面前。讲课结束后，有位老外对蒲明书说，“未来两周我们要讲的东西，全被你给讲了”。晚宴上，有学员认为，蒲先生3小时讲给他们的东西，比老外讲半个月还多。在与外国专家组同桌用餐时，某外国专家对蒲明书说：“没有想到，在中国还有像你这样对项目可行性研究理解得如此透彻的专家。”出自UNIDO专家之口，多少是对CIEC整体业务水平的褒奖。因为被这个部门当作工作指南的《工业可行性研究报告编制手册》，就出自于他们机构之手。

后来，CITIC人事部邀请可行性研究部承担CITIC内部员工的有关业务培训。可行性研究部登台讲课，不仅在各地普及了可行性研究方法，还为利用外资项目把关提供了科学的方法，并借此宣传了CITIC，宣传了CIEC。

编写“方法”。CIEC在合资项目经济评价方面积累了不少经验。1986年初，国务院技术经济研究中心委托CIEC编制《中外合资经营项目经济评价方法》，既可服务社会，又可提升公司的形象。

这个课题自然落在可行性研究部头上，李顺生任课题组长，承担全部财务报表的编制；缪世骏负责国民经济评价；蒲明书撰写评价方法的文字说明。厚积薄发，齐心协力，课题仅用一个多月就完成了。宋京等人在其中做了辅助工作。委托方把文稿提交给在昆明召开的“全国第二次可行性研究与经济评价讨论会”征求意见；后又报送国家计委组织专家讨论。专家们讨论通过，纳入了《建设项目经济评价方法与参数》文件集里，并以国家计委的名义发布，规定于 1987 年 9 月 7 日起试行。这就是《关于印发建设项目经济评价方法与参数的通知》（计标〔1987〕1359 号）中所指的《中外合资经营项目经济评价方法》。这项专题研究，实际上为国家计委制定相关文件提供了初稿。本文件集由中国计划出版社出版。出版说明指出：这些文件“填补了我国建设项目经济评价的空白，是各工程咨询公司、规划设计单位进行投资项目评价、评估的指导性文件，也是各级计划部门审批设计任务书（可行性研究报告）和金融机构审查投资贷款的重要依据。对高等院校、科研单位的教学和科研工作具有重要参考价值”。

《中外合资项目投资效益分析》

《中外合资经营项目经济评价方法》专题研究，获得由国家建设部颁发的“国家科技进步二等奖”，反映了国家对中信人的认同。《中外合资经营项目经济评价方法》汇集了可行性研究部的早期经验，为我国利用外资项目起到了把关的作用。

著书立说。自从国家计委颁布了《中外合资经营项目经济评价方法》，各地计委、外办、企业，及从事利用外资的读者，迫切希望学习掌握。他们不仅需要听课解惑，更需要手头有一本深入浅出的辅导读物和实用的工作手册。

蒲明书来到CITIC后，就想写一本关于项目投资的著作，其读者为从事利用外资而没有财务背景的工程技术人员。但苦于工作繁重，无暇顾及。这一愿望，终于在中信出版社季红的策划下实现了。

季红是在CIEC筹备时就调进，熟悉CIEC各部门的业务，在担任《中国投资指南》的责任编辑和编《中国投资问答》时，她深感利用外资各个主要专业领域的知识和经验都需要系统总结宣传，她计划出版一套利用外资丛书，以总结中国改革开放之后丰富的实践经验，从而探讨中国道路。可行性研究是丛书计划的专题之一，她首先物色的作者就是蒲明书，他能说会写，偏好理论钻研。

蒲明书基于多次在外讲课的录音稿，并集部门他人之经验和案例，在季红的一再鞭策下，终于完成了《中外合资项目投资效益分析》一书。此书出版之后，被国家计委作为培训教材之一，在业内广为传播。有同事说，把此书当作工作手册来用。

1994年，《中外合资项目投资效益分析》（修订版）再次问世。蒲明书回忆道：“那时我已是CIEC的襄理，只得业余挤时间修改。不会用电脑写作，全靠一笔一画在稿纸上爬格子，够辛苦的。” 新版发行不久，香港勤+缘出版社购买了该书繁体字的版权，在中国港台地区发行。

“可研”播种机

可行性研究部使用的是UNIDO于1978年编制的《工业可行性研究报告编制手册》，国际公认的可行性研究圭臬。CIEC可行性研究部将其付诸实践，并结合国家现行财税法律法规予以本土化。这本书提供的项目评估方法，通过他们以各种途径向全国各地推广，引起政府部门和相关机构的重视，进而成为企业上项目、主管单位批项目不可逾越的关键步骤。

可行性研究部为了给投资项目把好关，设置了三道防线：投资机会研究，预可行性研究，可行性研究；在各道防线上开展三部分工作：市场预测，技术论证，经济效益分析。在进行项目评估时，既不屈从于“长官”意志，也不迎合某些客户不正当的要求，秉持“独立、公正、客观”的职业操守，用专业眼光去预测项目的投资效益和投资风险。经他们把关的项目，既有CITIC的，也有外面委托的；既有国内的，也有海外的；既有新建项目，也有老项目改造；既有中外合资，也有中中合资，不一而足。面对不同地域、不同合作模式，他们还必须熟悉相关法律法规，让财务分析有法可依；面对不同行业采用的技术，至少应是该技术的半个专家，才能让原始数据真实可靠。

随着CITIC业务的迅猛发展，可行性研究部一些人陆续被调离CIEC，不是走向各子公司的领导岗位，就是担任新公司的业务骨干。其中：

谢承彰，先后任荣毅仁董事长的业务秘书，新力能源公司副总经理，CITIC计划部副主任；

李顺生，担任兴业公司总经济师，副总经理，总经理；

李同舟，先后任澳门水泥厂总裁，中信技术公司总经理，CITIC计划部主任；

贾德培，派往香港普华学习期满后，留任香港肖特基公司副董事长；

郑群英，先后任CITIC天津公司副总经理，CITIC开发管理部副主任；

蒲明书，在担任可行性研究部经理时，兼任新力能源公司副总经济师，后被调到中信兴业公司担任副总经济师，中信证券部副主任，中信证券公司首任总经理；

陈力群，筹备中信技术公司，后去香港任亚洲卫星公司中国部总经理；

李秀芝，调中萃公司工作。

李绍极和陈晓军，调 CITIC 香港公司。

可行性研究部不仅是项目投资的把关者，还是这一把关方法的播种人。

可行性研究部员工在讨论问题

任何公司及其所属部门，都会像人的成长一样，有其生命周期。可行性研究部自成立以来，经历了初创、成长、鼎盛，直至衰落，它也是国家改革开放之初的时代产物，随着 20 世纪 90 年代末的公司资源整合中并入其他部门，作为当年一个有影响的部门，可行性研究部就此从 CIEC 的独立部门中消失。历史不存在“如果”，企业在市场竞争中，依然要遵循不进则退的法则，但使用和推广的项目把关方法——可行性研究，依然像一棵常青树，植根于 CIEC；这种方法，还通过可行性研究部两代人的实践和现身说法，成为项目前期工作者和项目审批部门为项目把关的必经之路；更成为一种系统思维方式和行之有效的处理问题的方法。

海外投资探路人

CITIC 的海外投资起步较早，步步谨慎，成绩斐然。这与荣毅仁的远见卓识、重视投资项目的前期工作分不开。

鉴于 CITIC 成立不久，海外投资基本采取“背靠大树”而不是单挑独建的方式，即与世界知名大公司合伙或参股他们的项目。因此，海外投资项目的前期工作仅限于从工程技术、市场前景和经济效益 3 方面来开展评估工作。前者，由 CITIC 外聘专家承担，后两者由 CIEC 可行性研究部派出的人员负责。如果还涉及较多的法律问题，CIEC 的律师也会与可行性研究部的财务评估人员一同参与。

从下面 3 个案例可以窥见：在 CITIC 海外投资业务上，CIEC 可行性研究部与法律咨询部一路同行，留下了项目探索和把关的足迹。

加拿大纸浆项目

我国是一个森林覆盖率较低的国家，2010 年森林覆盖率仅为 21.6%，世界排名位居第 115 位，远低于 31% 的世界平均水平，人均森林面积仅为世界平均水平的 1/4。这还是经国家 30 多年大力推行“退耕还林”、“封山育林”和“再造秀美山川”等政策后的结果。

在 20 世纪 80 年代，森林覆盖率仅为 12%，导致我国木材资源十分匮乏，优质木质纸浆短缺。当时用作民用造纸的纸浆，草浆掺入率高达 70%，这种混合的劣质纸浆，既造不出适应高速印刷机的新闻纸，更造不出高强度的包装纸板，严重地制约了我国造纸和相关产业的发展。

CITIC 成立不久，国务院授权 CITIC 开展海外投资，用以获得国家急需而国内长期短缺的资源（如铜、铝、木材、纸浆、钾盐）。在北美投资纸浆厂，就是其中的一个选项。这是 CITIC 作为企业应承担的一份社会责任。

1983 年 4 月，CITIC 与国家轻工部组团前往加拿大 BC 省（不列颠哥伦比亚省）考察，相中了位于太子岛上的斯基纳（Skeena pulp mill）纸浆厂。回国后，考察团自己编写了一份《项目考察报告》，其副标题为“中加合营可行性分析报告”，于同年 6 月 9 日上报国家计委和经贸部。

考察团在报告结尾“代表团意见”一栏中称：“经过考察商谈，我们认为与斯基纳纸浆厂合营项目的条件是最好的，符合投资少，见效快，经济效益好，稳妥可靠的要求。”

这个项目总投资为 7 920 万美元，按照当时汇率折算已超过人民币 1 亿元，规定需报请国务院审批。

国家计委会同经贸部，向国务院呈送关于此项目的请示报告。报告提出：“请中国国际信托投资公司和轻工部指定有资格的设计院编制可行性研究报告报批，可行性报告批准后本项目才可成立。”

当时在中国唯一挂牌，能从事国际经济咨询的公司，只有 CIEC。由于项目的进展还没有到可行性研究阶段，只需对项目做评估。于是，这件事又回到了公司内部，落在 CIEC 的头上。

此事匆匆而来，CIEC 副总经理庄寿仓给蒲明书配备了“一老一少”，组成 3 人项目评估组。其中一位是虞家騄老先生，中国资深的会计专家，精通英文，负责研究这家纸浆厂近几年的年报；另一位则是大学毕业不久的陈小军，头脑灵活，负责编制财务分析的电脑程序。

现阶段对这个纸浆项目做评估，就是做投资机会研究。即在项目把关的第一道防线上，做好纸浆市场预测、工程技术论证和投资效益分析。其中工程技术，由考察组造纸专家负责，CIEC 仅做纸浆行情预测和投资效益分析。总经理经老要求按照“独立，公正，客观”三原则行事。

加拿大纸浆厂工作间

评估小组 3 人虽都不在行，凭借临时抱佛脚学得的造纸知识，在专家面前也算是半个行家。蒲明书“杀鸡用牛刀”，运用在航天部悟到的系统思维方法对项目进行评估，即把项目视为一个系统，进行系统分析。基于系统（指项目）欲实现的目标（能够偿还投资贷款的本息），提出了若干必须弄清而考察报告没有提及的问题。例如，虞老从其年报发现：这家纸浆厂每年拖欠大量的环境治理费，《项目考察报告》书并没有提及中方进入后该如何处理。这个厂的森林资源老化，朽木占比多而优质木材少，这将对项目效益产生怎样的影响？ BC 省的工会势利最强，罢工频繁，而《项目考察报告》按 100% 开工率来计算年产量是否合理？当时纸浆行情还没有走出低谷，而测算却假设：从投产初年开始，销售价格就年年看涨。这是否可行？还有出厂运输路径之不同对销售成本的影响等因素。

当时，蒲明书和陈晓军不熟悉加拿大的财税规定，他俩一方面向虞家騋老先生请教，一方面用计算器反解数据之来源，从而知其财务含义。学理工的，掌握这一套“看数识字”的方法。

其实，CITIC 对于海外投资的盈利期望并不高。经 3 人项目评估组测算，这个目标连在斯基纳纸浆厂的盈利也达不到。

最后的评估意见是，“项目疑点太多，经营风险太大，项目的投资收益不足以偿还贷款本息；选择斯基纳纸浆厂作为合营对象，达不到以优惠价格而又长期稳定获取纸浆的目的。”

不久，荣毅仁召集公司办公会，听取项目负责人的汇报。

那时 CITIC 的机构并不多，还挤在崇文门饭店的两层楼里，几乎各部门的头头脑脑都能到会。自然，作为该项目评估的承担者——CIEC 必须有人到场，庄寿仓副总带着蒲明书参会。作为评估小组发言人，蒲明书提出了对此项目的评估意见。听取评估意见后，荣毅仁在会上宣布，“这个项目暂停，由 CIEC 拉出问题清单，委托项目所在地的知名咨询机构——普华会计师事务所（Price Waterhouse）做实地调查。”

3 个月后，境外的调查报告出来了。普华与 CIEC 关于该项目“不可行”的判断，不谋而合。普华在调查报告中指出：“项目的价值在于项目的盈利能力。此项目已没有继续经营的价值。如果拆卖处理，尚有一定的拆卖价值。”我们还被告之，由于考察组选定的这家投资对象不与普华配合，致使调查报告迟迟才得以完成。

令人欣慰的是，我们的评估工作没有白费。CITIC 高管决定放弃考察组原先选定的合营对象——斯基纳，而另择加拿大塞尔加纸浆厂（Celgar）投资，终获成功。

赞比亚铜矿项目

1988年3月初，赞比亚总统卡翁达访华，向时任总理李鹏和时任全国人大常委会副委员长荣毅仁，提出一个合作项目：希望中国出资，并派技术员与赞比亚联合铜业公司（以下简称赞比亚公司）一道，把该公司关闭的谦比希铜矿恢复生产。卡翁达并对中国领导人说，“我把球踢给你们，有什么问题尽管找我好了。”中国领导人表示，愿就此项合作进行认真研究。

赞比亚，对于中国人民来说，是熟悉的亚非拉朋友，毛主席和周总理与卡翁达总统是老朋友。该国独立前，被英国人统治，叫北罗得西亚，位于非洲的中南部，铜资源十分丰富。1964年10月24日独立，卡翁达为首任总统。独立后的第5天，便与我国建交，卡翁达总统曾经多次访华。

尽管那时我国仍处于“一穷二白”，但对赞比亚非洲朋友却从不吝啬。早在1978年，中国医疗队就来到赞比亚，这些黄皮肤黑眼睛的白衣天使，为缺医少药的城镇部落带来了生命的福音。截止到卡翁达这次访华前的1987年，我国以“经援”方式对赞比亚援建了不少民生工程，其中坦赞铁路以其投资大且意义深远而闻名。自从1976年建成通车后，社会主义中国的影响，就像一路长鸣的汽笛声，回荡在这个非洲内陆的高原之国。

赞比亚总统这次访华，正值赞比亚经济处于十分困难的时期。该国经济结构单一，以矿业为主，农业靠天吃饭。财政收入的50%，外汇的95%，都来自于铜资源出口。由于那几年国际市场铜价持续低迷，致使赞比亚外汇收入锐减，铜矿开工不足，铜业一片萧条，失业人口已占其总人口的1/3；再加上连年旱灾，农业歉收，市场供应紧缺，造成物价飞涨。近3年的通货膨胀率维持在50%~60%，该国货币（克瓦查）大幅度贬值。此时，“屋漏偏逢连阴雨”，西方金融机构又停止了对该国的贷款，赞比亚的经济状况年复一年地陷入了恶性循环，老百姓苦不堪言。

“西方不亮东方亮”，赞比亚把目光再次投向东方的中国——他们称之为“可信赖的全天候朋友”。

赞比亚总统了解到，中国很缺铜资源，一直在世界各地寻找投资铜矿的机会；也知道双方的一些公司近年内已就合作开发赞比亚谦比希铜矿频繁接触。如果这座矿山能在中国人的帮助下早日复工，一定会给他的国家带来不小的利益。他这次来中国是希望能够敦促中国政府加快在谦比希铜矿项目上的合作步伐。

荣毅仁陪同李鹏总理会见卡翁达总统，中国政府希望荣毅仁能够出面，由CITIC牵头来推动这个项目继续，这也是“南南合作”的国家项目。

对于这次会见，荣毅仁是抱着为国分忧、投资铜矿的意愿而来的。这个项目的“球”，已由赞比亚总统踢给了中方，荣毅仁也从容地把它接住了。

荣毅仁深知中国铜资源的贫乏，铜储量仅占世界的1.4%；铜自给率在逐年下降，预计到2000年仅为40%。发展电力要铜，发展通信要铜，发展家电也需要铜……这也是一种战略物资。铜资源的短缺已成为中国经济发展的一道瓶颈。中国每年花费大量外汇进口铜矿石，而那时国家外汇储备还不到30亿美元，这对家底单薄的中国，无疑是一个沉重负担。

1984年国务院就明确，由CITIC会同中国有色金属工业总公司（以下简称中国有色）合作开发国外的铜资源。随即，为了执行国务院这一指示，荣董事长在公司进行周密部署。此时，CITIC组建了海外投资部，专门负责CITIC海外资源类项目的投资业务，由CITIC闵豫副总经理分管。

在此项目中，可行性研究部就派员随闵总访问了不少铜资源储量位居前列的国家，但都无功而返。铜矿项目确实太难找了。在世界铜资源储量位居前列的10多个国家中，除了美国、加拿大和澳大利亚外，其他国家的投资环境太差，外国公司到这些国家投资的风险较大，因此为投资项目的把关尤其重要。

1987 年 3 月，赞比亚公司主动与 CITIC 和中国有色联系，提出在赞比亚合作开发铜矿的问题。随后又派出高级代表团来北京，就此项目与 CITIC 的闵豫副总经理和中国有色的沃廷枢副总经理举行会谈。

同年 11 月，中国有色与 CITIC 组团，在中国有色沃总的带领下赴赞比亚实地考察，当时卡翁达总统就对此项目极为关注。

1988 年 1 月 20 日，基于中国有色沃总此行的考察结果，荣毅仁与沃总分别代表 CITIC 和中国有色，联名向国务院呈送《关于在赞比亚进行合作开发铜矿的报告》（以下简称《联名报告》）。在报告中，这两家公司表达了利用各自优势，共同合作的意愿，不仅提出开发谦比希铜矿的设想，还提出与第三世界国家经济合作的新途径，即“与发展中国家，特别是非洲国家，要根据平等互利的原则发展经济合作，进行共同开发，使双方均有利益”。

回顾以往中国对赞比亚的项目援助，大都采用无偿或贴息贷款的方式。既然谦比希铜矿项目要让 CITIC 牵头来办，这个“球”就不能再按照“经援”的模式延续下去，需要改变方式，以 CITIC 与中国有色两家《联名报告》提出的“新途径”，遵循国际惯例，按市场经济规律来运作。这个“新途径”符合改革开放后中国的市场化进程。

1987 年，在 CITIC 处级干部会上，荣毅仁就说过，“中信做事，一要有利可图，讲究经济效益；二不能唯利是图，要讲究社会效益，为国家做贡献。”这份《联名报告》再次体现出荣董事长一贯倡导的原则。

按《联名报告》的安排，“拟 2 月底（1988 年）将再次组织专家赴赞，进行经济技术可行性研究，详细探讨合作方式及合资企业的管理方式”；“如可行性研究结果较好，准备在上半年内签订正式合同进行此项目”。

为了更好地与中国有色合作，时任中国有色副总经理黄寄春调到CITIC任副总经理，主抓公司海外资源类项目的投资。黄寄春于2月底正式上任后，陪同荣毅仁参加了李鹏总理与赞比亚总统的会谈。

《联名报告》送达国务院后，赞比亚总统随即来华，中赞合作开发谦比希铜矿一事，自然成为两国领导人会谈的一个重要议题。

中赞领导人会谈后，加快了谦比希铜矿项目前期工作的步伐。黄总组团出访赞比亚，对项目进行实地考察。并钦点可行性研究部蒲明书随团出访赞比亚，深入考察谦比希铜矿及赞比亚的投资环境。

关于这次赞比亚之行，黄总十分谨慎，他强调，仅仅是“为下一步的可行性研究做准备工作，至于下一步的可行性研究，视考察结果另做安排”。

陪同黄总出访的，还有两位来自中国有色的技术专家，以及CITIC律师李东明。两位技术专家负责考察铜矿本身（硬件），而CITIC人员则关注该国的投资软环境及项目的投资收益。

蒲明书已参加过CITIC多项海外项目的投资前期工作，项目都在美国、加拿大、澳大利亚这样的发达国家。这次不同了，是在极不发达的非洲赞比亚——这个对中国十分友好，但被西方世界打入重债穷国“另册”的铜矿之国。在这类国家投资，前期研究所涉及的问题，错综复杂，变化多端，还与国家政治密不可分。

1987年底，由中国有色赴赞专家撰写的《项目考察报告》，无疑是最新的重要资料。考察团记住了中国有色的考察结论：“中方投资经营这个矿山，技术上是可行的；经济上取得赞方必要的税收优惠后，可做到略有盈余。”

关于为实现项目赢利的政策诉求，中国有色只提出了“赞方给予必要的税收减免”。

为吸引投资，赞比亚公司编制了《谦比希矿恢复生产的研究报告》（简称《赞方报告》)。该报告得出的财务分析结果是:税前项目投资内部收益率(IRR)为12.8%,投资回收期为9年。

但是,他们注意到,赞方在其报告中使用了两个非常重要的假设:

一是固定汇率:在20年的测算期内,把美元对本币的汇率锁定在1:8的水平上,即1美元兑换8个克瓦查;

二是“不变价格”:产品销售价格和经营成本中各项支出的价格,20年保持不变。

前者符合该国现行官方的规定,但与目前的黑市汇率相去甚远;后者就太离谱了。这个国家的通货膨胀已经相当严重,且不见回落的势头。基于这样远离实际的假设而得出的评价指标,靠谱吗?

中国有色在《项目考察报告》中所谓“略有盈余”,的确符合当时CITIC海外投资资源类项目的原则——“投资保本,拿走资源”。

问题是,实现项目“略有盈余”的关键,就仅仅是争取到税收优惠吗?即使能实现项目“略有盈余”,中方应分得的红利,能如数汇出境外吗?他们的报告都没有提到。这不怪他们,因为之前参与考察的人员都是铜业方面的专家,其关注点在于矿山的硬件方面。

从普华会计事务所编写的《赞比亚投资指南》(以下简称《指南》)获悉,中方收回投资必须跨越两道门槛:

一是对每年投资利润汇出金额的限制;

二是当年未能汇出的利润(美元或英镑),须按官价折算成本币存留在赞比亚中央银行。

该资料指出,按照赞比亚规定,外国投资者在赞比亚赚到的红利,须经外汇主管部门批准后,可由投资者汇回本国;但汇出金额要受限制——分别按税后净利润的50%和所持股本金额的15%计算。分别按这两种方式计算后,其中为小的那个结果，法定为允许投资者汇出的利润限额。

照此规定，即使项目恢复生产后年景一直不错，中方每年能够拿走的红利，最多是股本的 15%；扣除利润汇出税 20% 后，中方股本静态投资收益率仅为 12%。当时国际上美元优惠贷款利率 (prime rate) 已是 9.32%，这对于借款投资的 CITIC，尚具还贷能力。但是，世界经济变幻莫测，资源类项目最易受到经济波动的影响。一旦出现萧条，国际市场上原材料价格首先回落，股本投资收益率会低于 12%，届时 CITIC 将面临还贷吃紧的财务风险。

此外，被截留在赞比亚央行而未能汇出的中方利润（外汇），还将遭遇本币贬值的风险。联想到该国通货膨胀率近几年一直居高不下，且不见回落迹象。这部分外方利润，通过官价强行结汇变成赞比亚本币，就像烈日下的冰棍儿会迅速缩小，乃至消失。

该《指南》又指出，赞比亚政府还给企业的外汇进出设置了一道关口。规定每年企业的外汇收入全部交由中央银行掌控。然后按照年初批准的用汇计划，给企业拨付用汇额度；结余部分，则按官方汇价统统换成本币存入该企业的账户上。

姑且不论股本回收。在通胀连年居高的情况下，倘若铜价低于期望的水平，这结余部分的外汇，被央行强行按官方汇率换出的本币，数量上能满足企业日常经营的需要吗？

赞比亚政府的“两个门槛一道关”，好生了得！活像一只“拦路虎”，横卧在我们投资该国铜矿的道路上。

毛主席说过：“一切结论产生于调查情况的末尾，而不是在它的先头。”记住老人家的话，CIEC 带着种种疑问到赞比亚去，深入现场一探究竟。

尽管赞比亚之旅，CITIC 与中国有色一路同行，在铜矿项目上合作开发，但是合而不同，由于二者在国内地位的差别。

应该说，在这个项目上的投资风险，中国有色要小于 CITIC。

因为中国有色大部分投资，是以提供成套设备、材料和技术转让的方式完成。其中有些设备是长期在国内被闲置的，按经济学观点，其沉没成本几近为零；而廉价的国产设备按国际标准作价，也会让他们先赚一笔；此外，中国有色有可能被允许动用中国政府存放在赞比亚央行“外债兑换窗口”的当地货币，作为其股本的部分出资。项目投产后，他们通过技术服务和劳务输出，可先于分红而使其囊中先有进项。即使项目无利可分，也可以做到“堤内损失堤外补”。

而CITIC则不然，其股本投资全是真金白银，来自于海外银行的商业贷款。众所周知，“谁使用现金投资，谁的财务风险最大”。至于投资回收，CITIC主要靠项目分利。一旦铜价低于某个水平，别说“有利可图”，能偿还股本贷款就不错了。

如果按中国有色在考察报告中的表述，此项目的“综合经济效益可能是比较好的”话，CIEC 的评估人员认为，其大头是在中国有色这一边。

因此，CITIC 必须用自己的眼光来评估这个铜矿的投资机会。

1988 年 4 月 10 日晚，以黄总为首的“CITIC ／有色”代表团起程到赞比亚首都卢萨卡，开始了艰难而充满戏剧的评估旅程。

当天下午，黄总带上考察组去使馆报到，并听取大使和经济参赞对项目考察工作的建议。

参赞介绍说：“自赞比亚独立后，从未与外国探讨合资开采铜矿。中国人是头一次。这里铜矿资源是可行的，但存在其他问题：管理问题、运输问题、社会问题、工会问题、免税问题、外汇保值问题等。”他估计，“减免某些税收，卡翁达总统有可能答应，但外汇保值难以批准。”

他认为，“既然赞方已经把球踢过来，就要踢过去，争取保本拿铜。”

周大使传达前两天经贸部来电的指示精神，要CITIC与中国有色统一对外，十分慎重从经济上、技术上把可行性研究做好。他说，“外交部认为此项合作以公司对公司为好，但公司要自负盈亏。”并告诫我们，这里投资风险很大，存在许多未知数。

参赞这句话，绕梁三日，不绝于耳，这正是CIEC两位评估成员此行的使命。

第二天，黄寄春一行进入卢萨卡市区，拜会东道主赞比亚联合铜业公司总部，商量考察的日程安排。

双方决定，次日飞往位于赞比亚东北部铜带省的省会——基特韦(Kitwe)。此行考察的谦比希铜矿，就在离省会28千米的地方。

然后走访当地的西方金融机构，做些旁证调查。先去拜会赞比亚中央银行，到那里了解该国的外汇管制政策，探讨在汇率上给中方投资的项目和利润汇出提供优惠的可能。一位负责人说，这涉及国策，他们没有承诺的权利。

在渣打银行卢萨卡分行，与一位常务董事谈起项目的融资问题。他说，只要CITIC或他们认可的其他金融机构提供担保，可以考虑把钱借给CITIC，也可以为CITIC参与投资的项目融资；但是他们既不接受赞比亚银行的担保，也不会向赞比亚企业提供任何资金。这位白人顺手拿出当天的英文报纸，不屑地把一段话指给考察团看：“在赞比亚投资，无异于把钞票扔进赞比西河里。”

据黄总讲，美国驻赞大使谈到，美国商人也遇到只能收本币的问题。后经大使本人出面找卡翁达特批，才以1:20的汇价把手中的克瓦查换成了美元；美国大使认为，赞比亚货币还要贬值，估计会发生在1991年大选以后。

当日的耳闻目睹，再次提醒要留心那头吞噬外资的“拦路虎”。次日大早，登上了东道主的专机飞往目的地——基特韦，赞比亚铜业公司的营运中心所在地。该中心负责管理包括谦比希铜矿在内的十几座矿山。在公司宾馆住下后，立即驱车前往谦比希矿区考察。在铜矿负责人的带领下，考察组马不停蹄地在矿山跑上跑下，从矿井—选矿厂—精炼厂—尾矿坝，每个环节都不放过。几天下来，两位中国有色的工程师笔记本子上记得满满的，而 CIEC 两位项目评估人员仅留下矿山印象和有关的技术经济数据。

谦比希矿关闭不到一年，地面上下的设施维护尚好；矿山由来自英联邦的专家管理，管理水平比较先进……矿山现场的见闻，印证了中国有色先前的判断："中方投资经营这个矿山，技术上是可行的。"但在矿山看不出这个国家投资软环境的好坏，看不见"拦路虎"的影子。而这些正是保护中方投资权益的关键所在，是 CIEC 评估人员关注的重点。

他俩走访了普华会计事务所设在基特韦的分支机构，向他们征询在赞比亚投资的建议。普华专家确认了他俩对《指南》有关法规的理解，证实了所担心的问题。

回到住所，他俩便开始冥思苦想：在赞比亚主场，这个球该如何踢出去？因为既要按照中国主管部门的指示，采取公司对公司互助双赢的原则，又不能伤害与赞比亚多年的友好关系。

作为 CIEC 的专业评估人员，绝不能简单地对赞方说"由于你们的投资环境不好，中方不可能投资"就算完事了；而是要提出让这个项目得以进行下去的办法，必须用专业语言和赞比亚铜业公司的高管对话，争取条件谈成项目。即使买卖不成，不仅交情要在，而且还要水平在！让这些受雇于赞比亚的英联邦高管们知道，中国人不仅会在非洲的崇山峻岭修路架桥，而且还会在赞比亚主场按国际惯例行事。

代表团退而求其次，把关注点从保障中方投资收益，转移到项目自身的现金流上。即不考虑股东分红，来研究仅仅维持项目经营所需要的资金平衡条件。在年外汇销售收入确定的情况下，为了保证项目自身运营的现金流平衡，结汇汇率和通货膨胀率二者之间，确实存在着函数关系；把赞方报告中提供的有关预测数据，代入这个函数关系中，就能得出通货膨胀率和结汇汇率二者之间浮动的定量关系。

由此计算出：就正常年份预测的销售收入，央行按现行 1:8 结汇下，项目自身能够承受的通货膨胀率上限仅为 29.4%。而当年通货膨胀率已高达 50%；反过来说，美元兑换率必须超过现行的固定官价到某一水平，才能使项目自身的本币资金收支两抵。按照赞方预测的销售收入，由结汇所得的本币尚且不能满足企业的本币支出，更何况当铜价低于预测值时，本币资金的短缺就会更加严重。

赞比亚央行强行的结汇汇率和该国通货膨胀继续恶化的情势，如同黏在项目身上的两只嗜血蚂蟥，危害项目，吸食投资者！

于是得出结论：谦比希铜矿恢复生产后，即使实现了赞方预测的销售收入，仍然没有能力产生维持项目生存所需的本币现金流！欲生存，项目就得从银行借本币，且每年都如此。

由常识可知，一个年年靠银行贷款支撑的企业，已经没有任何经营价值。

要合作的首要条件是：不仅“赞方给予必要的税收减免”，还要把蚂蟥和“拦路虎”全赶走。办法是：

一要尽量减少项目本币的支出。即争取大幅度减免税赋，并对成本中属于本币支出的部分，要求赞比亚政府允许企业参照市场汇率与供应商结算用美元支付；

二要对中方未能汇出的利润，在保证合理投资收益的前提下，按浮动汇率结汇。

非常国家，非常项目，就得有非常条件！

其实这一点要求并不过分，既符合国际惯例，也符合 CITIC ／有色《联名报告》倡导的“平等互利的原则”。如果现在不提出来，到时就会眼睁着被这只“拦路虎”依法吃掉。

这就是他俩从现金流的角度来评估项目投资机会的思路。

“现金为王”，现已成为现代企业管理的圭臬。

双方在营运中心举行了第三轮会谈。会谈内容涉及合作模式、管理方式、公司融资、红利分配等与经济可行性有关的问题。

中方提出的有关合作方案，始终不离规避固定汇率和通货膨胀带来的财务风险。希望东道主网开一面，为项目的生存和中方投资的回收提供安全的“小环境”。这些来自英联邦国家的赞方谈判成员，清楚中方的用意，只不过人为其主，得说一些不能丧失立场的话。

会谈气氛非常友好，双方都表现出良好的专业水准。鉴于事关赞比亚国策，在重大问题上没有任何商谈的余地。他们答应，会把中方的要求向上反映。

会谈结束后，马布森先生与黄总在住地花园散步交谈。他对黄总说：“你的两个助手，十分精明。我要是中国人，也会提出同样的问题。”这位赞方主谈深谙国际惯例，不愧是职业经理人。

结束在谦比希铜矿的考察，他们回到卢萨卡住地着手起草《备忘录》。

在《备忘录》中我方指出：中方对赞比亚通货膨胀与固定汇率同时存在对项目的影响表示关注，这将严重影响到合营公司的生存能力和经营效益；赞方应当做出某种安排，并采取一定措施以保证当地货币开支与外汇收入的平衡。这些措施应能弥补合营公司和中方投资因通货膨胀与固定汇率共同作用所导致的净损失。

在陈述上述观点时，黄总提示要回避使用“汇率浮动”的字眼。因为当时西方金融机构正与赞比亚政府叫板，要它放开外汇管制，中国人不能用西方势力的语言说话。

中方强调：上述安排及有关税收的优惠，“应构成该项目可行及合营公司生存的先决条件”。赞方在陈述中，把中方的要求全都予以婉拒，说“这种安排将违反公司法、所得税法和外汇管制法的某些规定”，“难以取得赞比亚政府的同意”；但赞方“对 CITIC ／有色的上述观点表示理解”，“同意尽最大努力争取财政部和赞比亚中央银行同意中方提出的各项条件”。双方最后表示，如赞比亚政府能满足我们所提的“先决条件”，将尽早进行项目的可行性研究。

此行的初衷是想推进项目进展，希望赞比亚政府网开一面，满足中方的合理要求。但是，就连这一点他们都不松口，这活儿就没法干了。

《备忘录》签字后，黄寄春立即向使馆汇报考察及会谈结果。周大使说：“只要我们持积极慎重的态度，寻求平等互利的合作，如果因赞方的原因而使项目合作不能进行下去，责任在赞方。这不会对两国政府关系产生大的影响。友好归友好，合作归合作。”

在赞比亚之行结束后相当长的时间里，一直没有得到赞方的答复。看来是泥牛入海了。后来获悉，赞比亚的经济情况继续恶化，卡翁达的政治地位岌岌可危，说话不管用了。随着 1991 年大选卡翁达的失败，关于谦比希项目合作的事，中赞双方都不再提及。

澳大利亚波特兰铝厂项目

铝资源，包括铝锭和铝矾土，与铜资源一样，既是民用资源，也是国家战略资源。在海外投资铝资源，也是国家交给 CITIC 的一项任务。

在 20 世纪 80 年代，我国的炼铝工业，受制于三道瓶颈：

一是国产炼铝原材料——铝矾土质量不高，导致能耗大；

二是我国电力极度短缺。当时每吨铝锭耗电 16 000 度 ~18 000 度，电解铝厂成为养不起的“电老虎”；

三是各地炼铝厂工艺落后，且达不到经济规模，最大的抚顺铝厂铝锭年产量仅为8吨。

当时我国铝锭年产量不足百万吨，不能满足国民经济飞速发展的要求。而欲消除这三道瓶颈的制约，则非一日之功。有效缓解之策，就是尽快在海外寻找合适的铝厂进行投资。

海外投资铝厂，就是利用海外丰富且廉价的电力、质优的原材料和先进技术，生产国内民用和军工急需的铝锭。

1985年，经有色金属总公司介绍，CITIC与美铝（ALCOA）搭上关系。这两家公司，前者是蜚声国外的中国改革开放窗口，后者是世界铝业之“大哥大”。门当户对，强强联合，这不仅符合CITIC在海外投资意愿，也符合CITIC寻求合作伙伴的原则。美铝对CITIC的参加，表现出极大的热情。

美铝公司原先在澳大利亚波特兰市有一座在建的炼铝厂，因铝价低迷和电力供应未与州政府达成协议，被迫停建。后来该公司与供电方达成30年的电力供应协议，实行电价与铝价挂钩，并预见到铝的行情不久将走出谷底，于是在1984年在旧址新建一座现代化的炼铝厂，利用美铝新近开发的技术，每吨铝锭耗电可降到14 000度以下，两条电解铝生产线，每条生产线年产铝锭15万吨，建成后年总产量为30万吨，成为当时世界上最现代化的大型电解铝厂。这是当时我国铝业界所望尘莫及的。改扩建工程正在进行中，预计在1988年全面建成投产。

这个项目的具体实施，仍由CITIC副总经理闵豫分管的海外投资部负责。考察组由毛致仁领队，成员有：陈岱、沈达明、蒲明书、谢翔。

陈岱老先生考察项目的进度和新技术的可靠性，因为该技术为美铝首创，仅在美国本土完成中试，尚未经过商业运行；

沈达明教授则关注 CITIC 在澳投资经营的法律问题，并研究由 CITIC 融资顾问——美国信孚银行设计的“有限追索杠杆租赁的项目融资”模式的相关法律架构；

作为可行性研究部蒲明书的职责，依然是财务分析，涉及产品的市场预测、生产成本和项目盈利能力评价。

考察组一行 5 人，于 1986 年元月飞赴澳大利亚墨尔本。

澳大利亚是世界重要的矿产资源生产国和出口国，有“骑在羊背上、坐在矿车上、手持麦穗的国家”之称。相比矿产资源丰富的南美和非洲国家，澳大利亚的投资环境相当不错，这里不用担心会发生在欠发达国家投资将遇到的种种麻烦。

由于 CITIC 是较早来到这个国家的新中国投资商，引起了当地政府、媒体、华人的关注。维多利亚州政府的官员，还在政府大厅接见他们一行，对 CITIC 前来投资波特兰铝厂表示欢迎，因为州政府在波特兰项目也有投资，占比 35%。有 CITIC 参加，不仅分散其投资风险，还会在项目建成投产后，给这个州带来可观的“投资乘数效应”。

美铝是项目最大的出资方，占比 45%，负责安排他们的考察活动。他们派专机把考察组送到项目所在地——澳大利亚最南端的波特兰市，然后乘车抵达铝厂施工现场。

陈岱患有严重的视网膜脱落，一只眼几近失明，看资料需用放大镜。那时他已年满 70 岁，在工地上认真地看，不断地问，不停地记。此项目一条生产线的年产量就超过当时国内的最大铝厂，让搞了一辈子铝业的陈老十分兴奋。因为负责施工的是柏克德（BECHTEL）——全球知名工程公司，他所担心的是经过中试的新技术，能否成功地运用在波特兰铝厂。在现场，蒲明书跟陈老学习了铝锭生产的技术装备和工艺流程，为下一步做项目财务分析奠定了基础。

美铝答应安排陈老去美铝总部的研发机构，考察这项新技术的可靠性。

沈达明教授与大家挤在一个大套间里。他几乎整日在宾馆研读与项目有关的法律资料，并与 CITIC 聘请的融资顾问——约比他小 20 岁的美国信孚银行的郭先生，就这次项目融资涉及的错综复杂的融资框架及相关法律，虚心请教，深入交谈。尽管之前在为平朔煤矿项目做法律咨询时，他已经历过这种融资方式的艰难谈判过程，有实战经验，但依然虚怀若谷，不摆学者架子。沈教授的工作，为 CIEC 后来的律师介入，做了重要铺垫。

澳大利亚波特兰铝厂

美铝为 CITIC 投资波特兰铝厂提前编写了《投资建议书》，比较详细地对投资方关心的市场和财务效益做出了预测。

“我的工作就是消化并确认美铝建议书所言是否合理。”蒲明书回忆道：“由于前不久，我参加过 CITIC 在加拿大投资纸浆项目的评估，接着又去加拿大多伦多永道会计师事务所工作，与永道的专家们一起对中信投资萨省钾盐矿项目进行评估，其间还对加拿大的财税法规下了一点功夫。这为消化美铝《投资建议书》的财务分析部分省去了不少时间。因为澳大利亚与加拿大一样，都属于英联邦国家，财税概念基本相同。”

对波特兰铝厂项目的财务评估要点：（1）产品市场预测；（2）铝的价格；（3）铝锭成本；（4）吨铝投资不高，低于世界平均值；（5）建设周期短，工程概算不会超标；（6）采用“有限追索杠杆租赁的项目融资”模式；（7）影响项目财务效益的巨大风险。

综上所述，项目评估意见是：这个项目投资少，建设期施工风险较小；市场前景看好，销售风险不大；项目生产成本低，盈利空间大。成功与否的不确定因素，主要是美铝的新技术。波特兰铝厂是个好项目，投资风险主要在于技术层面。如果通过中国专家陈岱先生的考察确认无误后，CITIC 应立即启动关于投资波特兰铝厂和融资安排的谈判，尽早获得 10% 的资产租赁使用权。项目竣工投产后，不仅可以实现“保本取得海外资源”的期望，还可以赚取较大的利润。

回国后，考察报告呈送闵豫副总经理。他决定：请有色金属专家陈岱先生，立即赴美铝总部匹兹堡考察。不久，陈岱先生带回好消息：美铝开发的新技术可靠！

于是 CITIC 立即进入与有关方的商务和融资谈判。CIEC 的律师郑淑君、陈启迪等随后赴澳大利亚，参与 CITIC 与美铝及银团的谈判。闵豫副总经理坐镇墨尔本全程指挥。CIEC 律师与美国信孚银行的郭先生合作，闵总现场拍板，比较顺利地完成了所有事项的谈判和相关文件的签署。

1986 年 8 月，CITIC 获得 10% 资产的使用权或经营权；自筹流动资金，从电力和原材料供应商那里获取生产资料，投入铝厂；每年分得 3 万吨铝锭自行销售。

关于 CITIC 在波特兰铝厂的投融资模式，可以简单打个比方——好比几家送餐公司合伙租用机关厨房，各自外购“油盐酱醋和大米肉菜”放在同一个大锅里烹饪；按照约定支付租金的比例，各自取走做好的饭菜，运到自家的客户销售。厨房业主答应：送餐公司只需用销售饭菜赚来的钱去支付厨房租金。这是何等的好事！

1986 年 8 月，CITIC 投资加入项目。按照为期 12 年的杠杆租赁融资模式，代表总公司管理项目（投资、生产、融资、财务、销售），先在墨尔本仅用 2 澳元注册成立了中信澳大利亚公司。这令国人匪夷所思，因为当时国内实行的是公司注册资本必须等同于实缴资本。

1986 年 11 月，项目竣工试运行，1988 年 9 月，全面建成投产，赶上了国际铝价行情走俏的好机会，此后铝价一路飙升，从测算时的 1 100 美元 / 吨，曾一度高达 3 000 美元 / 吨。项目开市大吉，CITIC 获得了理想的投资收益。原来作为安全存款的 2 000 多万美元，不仅分文未动，还按期连本带息归还给 CITIC。

CITIC 投资 5 年后，向银团提出要求：希望提前结束为期 12 年的杠杆租赁融资合约，从他们手里回购项目 10% 的资产所有权，从而成为名副其实的波特兰铝厂的股东。提前放弃这棵摇钱树，银团很不情愿。但经过一番讨价还价谈判，银团终于同意了 CITIC 的要求。

后来项目进一步扩建，1998 年 8 月，CITIC 增持出资比例至 22.5%。

迄今为止，波特兰铝厂仍然是世界上最先进、规模最大的电解铝厂，也是 CITIC 海外投资最成功的一个项目。

回顾 CIEC 参与 CITIC 海外投资的历程，作为探索者，作为把关人，可行性研究部和法律咨询部的同事们，都在这条路上留下深深的足迹。其足迹遍及北美、南美、非洲、亚洲和大洋洲。他们边干边学，不辱使命，成为 CITIC 海外项目前期工作的行家里手，为 CITIC 海外投资的成功做出了贡献。

人才培养

CITIC 成立 5 周年，荣董事长与中国国际经济咨询公司员工在人民大会堂合影

“CIEC 可以说是中信的‘长子’、‘独生子女’，这种局面持续好多年，当时 CIEC 的人员整体素质较高，荣老出国经常带着 CIEC 的人。”多年后，作为 CIEC 元老的王敏治依然深有感触。

CIEC 起到的是知识集成的作用。用今天的眼光看，刚开创时，CIEC 就集聚了不同的专业知识在一个平台上。由此，CIEC 必须是高素质人才的聚合，不断培养高素质的人才队伍是 CIEC 安身立命之本。

CIEC 现有的人才队伍是公司创业以来从摸爬滚打中锤炼出来的，他们是公司事业赖以继续发展的基本骨干力量。老一辈的无私传授、中年人的知识更新、青年人的锐意进取，是 CIEC 人才培养的真实写照。

以法律咨询部为例，成立初期，十年浩劫，多年的法律人才培养断档，如何构筑适应时代、通晓外资、精于商战、明于国情的合适的法律人才呢？老中青传帮带，三代法律人，共谱中信路，这是法律咨询部培养人才的方式方法。

沈达明教授是我国法律界具有国际影响的法学家之一，他十分重视法学理论与实践相结合，从青年时就积极参加实践。改革开放以来，沈教授曾担任外经贸部的法律顾问，他是我国国际贸易法学和国际商法学的主要开创者，比较民商法学领域公认的权威，也是对外经贸法律领域的一面旗帜。20 世纪 80 年代初，沈达明教授系统、准确地把国外的法律介绍到中国来，对我国的民商法、涉外经济贸易法的发展产生了重要的推动作用。为我国一些特大型的建设项目、国际融资提供了重要的咨询意见，曾为我国挽回巨大的经济损失。他是对外经济贸易大学法学院的奠基人，他开创的国际商法这门课程及其教材，影响了几代国际贸易的专业人才。在 CIEC，沈教授不仅言传，而且身教，在多次 CIEC 对外合作谈判项目中运筹帷幄。

另一位对 CIEC 法律咨询部建设起到了重要作用的人物是顾宪成老先生，一代著名法学家。在新中国成立时，他代表新中国去接管中国银行伦敦分行，作为中信律师事务所第一任主任，他与世界各国的政界、商界及律师界要人交往频多，每日总有不少外埠来信、电传或传真请教中国法律问题或介绍客户与业务，顾老每每有函必复，实在忙不过来时，他就请法律咨询部的同仁代其拟稿，然后由他签名发出。对于晚辈，他总是身教重于言传，初入法律咨询部的一些年轻人自恃曾在国外学习工作过，认为起草回信不过是老一套、易如反掌，因而常常是不管三七二十一，匆匆而就，然后交给秘书们去打印。打印完之后，草草看过就向顾老交卷，岂知顾老会将打印稿逐字逐句细细看过，不仅将错别字一一订正，而且还把收信人的称呼、问候及叙事的语气与用词反复斟酌推敲、修改，直至准确、满意为止。顾老并不责备这些年轻人，而是和风细雨，以身作则，对办事人员细细道来其中的所以然，尤其是对于法律问题的阐述、专业术语的使用、人们的称谓等，更是说明为何要务求准确。

这样，一封回信往往要经过两三次修改以后才能发出。他这种严谨的工作作风对CIEC法律咨询部影响很大。

作为律师界前辈，顾宪成老先生在业务上随时随地注重培养所里的年轻律师，积极给他们创造机会，经常带新入行的律师参加一些研讨会、讲座等，极力将CIEC年轻人介绍给他所认识的中外客户或朋友，并鼓励新来的同志积极发言，扩大影响力。

在为人处世上，顾老也堪称楷模，身居CIEC高位却朴素清廉，身上的西装还是几十年前的那几套，未曾添置。虽然在担任领导期间，CIEC为顾老配了车，但他除了每天上下班使用外，从不用来办私事。因私用车，他总是事先打好招呼，并按规定付费。顾老国外的朋友很多，来了信回一封也是免不了的，作为律师事务所的律师，回信用律师所的信封及邮票实际上也不算什么，但顾老却极其自觉地用自己的信封及邮票，这些小事常常使晚辈后生感触很深，有顾老这样的言传身教，当时法律咨询部的学风甚盛。

在CIEC财会管理部，有李文杰先生、季树农先生、虞家[illegible]betaI先生、钱锵女士四位老前辈，带着年轻人一起做项目，包括后来成为CITIC副总经理的居伟民，都是由这些老前辈带出来的。

李文杰老先生早已白发苍苍，年逾古稀，却精神矍铄、老当益壮，他是真正在新中国成立前从事过会计师事务所工作的，创业初期，CIEC的人通过他了解一些会计师事务所的运作、注册会计师的概念。CITIC财务部（即中信实业银行前身）经理闵一民深有感触："中信公司财务部初建时工作任务很重，我在遇到没有把握的问题时就常常向李文老请教，得到他的指点，受益匪浅，李文杰强调公司财务工作的重点是要做好聚财（筹资、融资），聚财就要掌握好用财，只有用好财，才能生财，这个聚、用、生三者的关系是紧密联系、相辅相成的。然而真正做好财务工作，关键在于培养选拔人才，对人才也有一个聚才、用才、生才的道理。只有做好聚才、用才、生才，才能真正做好聚财、用财、生财。他指出，作为一个财务工作的主管，必须十分注意培养人才，使之后继有人……李文老把‘财’和‘才’两者的关系剖析得如此精确，使我深受教益。”张克回忆，这四位老前辈，每星期来 3 天，虞家騋在忙的时候天天来，在工作中遇到的很多新问题在书本中都找不到，甚至找人问都问不出答案，有一些问题都是向几位老前辈请教，才获得的实际处理经验。李文杰和季树农当时都七八十岁了，他们都是全国人民代表、全国政协委员，仍然跟着我们出差，去处理实际项目的事。例如中国海洋石油总公司海上钻井公司的财务分析，就是由李文杰带着张克、张利娜 3 人出差去做，这种实际的指导和培养让我们不得不努力。张克说，他和居伟民等年轻人在老一辈身上学到的东西是难以忘怀的。

虞家騋先生是一位老财务专家，精通英文，他与财政部几位专家编过《汉英财会字典》，起初，CIEC 的人对于西方的财务词汇很难透彻理解的时候，都是这本书帮助大家在财务语言方面发挥了很大的作用。

季树农先生是位资深的财务专家，从 1981 年一直到 1993 年，差不多十几年的时间，季树农先生都是跟中信会计师事务所一起度过的。

钱锵女士是世家出身，外文好，在新中国成立之前就在上海做财务工作，后来在外文印刷厂工作，退休后被 CIEC 请过来，跟会计部门的人一起做具体工作。

这些耄耋老人开会时谈笑风生、滔滔不绝；工作时，聚精会神、一丝不苟；接待外宾，则深思熟虑、周密安排；对待较他们年轻的同志，提携指点、耐心帮助。

当时刚刚成立了财务管理咨询部，成立时只有 3 个人，陆以庆、张克、张利娜，后来又调入了王磊，随后张利娜调到 CITIC，给 CITIC 副总经理闵豫当秘书。1982 年 8 月，张克从人民大学工经系投资专业毕业，进入 CIEC。当时可行性研究部门多为理工科出身，还没有一个真正学习投资的专业人员，而张克是真正专业对口的。刚步入 CIEC 的大门，还来不及串串门，跟新同事们了解一下公司情况，张克就接受了一个新项目，即受中国海洋石油总公司委托，对海洋钻井船的租金和石油价格的趋势做预测分析。

这个分析报告对中海油来说很重要，因为他们正在做战略发展决策研究，到底海洋钻井船设备是以租赁国外设备为主，还是引进国外设备为主？或是中国自主建造为主？要做出这个判断，一定要分析今后若干年之内海洋钻井船的设备价格走势。而这个价格走势的变化因素又与长期石油价格走势有关，与石油价格趋势、全球宏观经济形势变化、石油行业开采经济发展、主要采油国的国际经济关系有关，实际上要考虑的综合因素很多，这是非常复杂的一个经济预测。

这个高难度的分析报告，让张克加班加点、熬通宵地投入，完成的趋势预测示意图就长达好几米，在每一个点上他都进行了基础法分析和数据计算。这个报告得到中海油公司很高的评价。他们也是根据这个分析结论做的战略决策。3 年之后，他们对张克说，3 年验证下来，你的预测跟世界的价格走势是吻合的。从这个项目，中海油公司就认识到 CIEC 的价值和中国国际经济咨询公司的水平。

现在，张克是中国注册会计师协会常务副会长，信用综合咨询集团董事长，2015 年该集团进入全球世界会排名第 39 位，列入前 50 名的仅有两家中国机构，另一家中国机构排名第 21 位。目前，信用综合集团已发展为跨国集团，走到海外布局，现在签约 4 100 名会计师，注册会计师为 1 230 人。随着业务扩大，CIEC 又聘请了一些相对年轻的专家参加了中信会计师事务所的工作。包括中央财经大学的李爽、李天明、李翠芬等这些日后在会计界知名的专家教授们。他们的加入，助中信会计师事务所一臂之力，使得中信会计师事务所在当时树立了很大的名望。

有前辈的指点，也有中年人的努力。很多人到 CIEC 来，不仅是工作单位的变换，更是人生的转折和专业的转换。郑淑君是法律咨询部的骨干和负责人，出身外贸系统的她，对于法律也是知之不多。“我是在八机部和西门子谈判引进成套设备后来到中信，那时候，中信要发债，要引进外资，要搞大的项目，公司把我分配在法律部，可是，在过去的工作中，我虽然接触了一点法律，但真的搞法律当时也不行。所以那个时候，公司就请了对外经贸大学的沈达明教授，他是留法的高才生，在法国拿的法学博士学位。新中国成立以前就回国了，改革开放之前中国涉外法律的工作很少，他就去教法语，我是学英语的，所以法律我也没怎么接触过。由他来亲自指导我，我非常高兴。”郑淑君说。

培养具备专业素质和综合素质的青年人也是非常重要的。张宏久是 1980 年毕业于北京大学西方语言文学系英语专业；1983 年获北京大学法律系法学硕士学位。通英文、晓法律，人年轻，脑瓜灵。更何况，张宏久师承赫赫有名的龚祥瑞教授，名师出高徒，毕业后张宏久旋即留校任教，然而，那个火热的年代，年轻人总是想成就一番事业的，虽然已经留在北大任教，踌躇良久后，张宏久还是选择了 CIEC。

如今，张宏久已是中华全国律师协会常务理事、全国律协金融证券业务委员会主任、全国律协国际业务和 WTO 事务专业委员会副主任、全国律协外事委员会副主任、中国国际经济贸易仲裁委员会仲裁员、全国工商联并购公会理事、英国皇家御准仲裁员协会成员、竞天公诚律师事务所合伙人……

卢贤林、万仲翔、张炳坤、李建国、陈启迪、张志扬、邵子力……也都是在 CIEC 法律咨询部开启职业的第一步。

CIEC 中年业务骨干很多都有不凡经历。1983 年，缪世骏通过《人民日报》上报给中央一封信，他回忆说：“宋平副总理兼计委主任，他的秘书给我打电话说，你的报告宋平副总理看了，很好，他批给了计委副主任陈先，他也是国家统计局局长，指出重大的建设项目需要进行国民经济评价分析。福建水口电站，是福建很大的电站，国家计委压了 10 年未批准，为什么呢，每千瓦的水电投资比火电投资大得多，投一个水电站，可以建 10 个火电站呢，但是缺电，拍不了板，下不了决心，他们说你能不能用国民经济评价来分析这个项目。因为电站是一个综合效应，有利有弊，不仅要分析发电效应，因为仅看发电效应，不好跟火电比，要综合起来看，对气候、对生态都要分析。后来，计委安排一批干部到北京，我安排他们做题目，最后做了分析，这个项目马上就批了，用的世界银行的贷款，后来我就跟国家科委讲这个事情，国家科委的一个副主任说，国家科委也支持一下，科委列了一个课题，后来我还拿了一个国家科技进步二等奖。”

缪世骏与国外公司代表交谈

曾担任 CIEC 襄理的顾心阳，曾经做过 10 多年飞机设计，他回忆起在 CIEC 的成长历程时说：“做咨询几乎什么行业都会遇上，而且很少重复，每做一个项目都要从头学起。” 不间断地学习，在实践中学习，在学习中总结，这就是 CIEC 培养人才所采取的方式。

行业先驱

CIEC 创造了很多后来成为“国家第一”的项目，成为一个一个行业的开创先驱。然而很多“第一”若离开了当时的背景，是看不出它的价值的。

引进商业模式

CITIC 成立伊始，荣毅仁立即启程香港和美国，带队去拜访各金融机构，考察合作伙伴，考察引进项目。1979 年 10 月 29 日，荣毅仁与芝加哥国民银行签订了 CITIC 成立后的第一份合作协议。

据随同荣毅仁访美的庄寿仓回忆，荣毅仁在考察美国机构时有两大发现。

10 月 21 日，荣毅仁来到位于美国新泽西州小城默里山的邓白氏商业咨询中心参观时，工作人员通过电脑操作，立即调出所需要的商业机构资料，这引起了荣毅仁极大的兴趣，他亲自上机操作了几下，凡是经过全球注册的商业机构的有关资料立刻显示了出来，这对我们来说是太需要了。当时国内只能通过各种工商机构、统计机构一家家去查询，一个月也弄不出几家资讯，往往需要的资料还不全。在计划经济时期，国内并没有一个专门的机构专门从事这样的商业资讯业务，何况中国的公司当时还没有电脑设备呢。

荣毅仁立刻敏感地意识到，这是中国急需填补的一项空白。他仔细考察了邓白氏的商业模式和工作流程，盘算着如何着手将这样先进的商业资讯业务方式和技术引入国内。

邓白氏（Dun&Bradstreet，缩写 D&B），当时是全球最著名的商业信息服务机构，其业务主要是为协助各类企业客户做出正确的商业决策提供所需信息的数据，为了获取全球信息，邓白氏的触角伸向全球上百个国家和地区，往往是某个国家的商业机构、企业家的一个案例刚刚发出消息报道，就已进入邓白氏的数据分析库，它的全球商业数据库覆盖了 1 亿多条企业信息。罗马不是一天建成的，邓白氏商业资讯帝国做到这样的规模是从 1841 年开始，已有一百多年的积累。中国资讯手段的落后已经成为经济发展的瓶颈，阻挡了中国现代化建设的步伐，尤其是作为开放的窗口公司，CITIC 自身的工作效率就已经受到制约。

实行对外开放后，外商纷纷进入中国，寻找合适的商机，当时中国十分重视改善投资环境，基础设施开始动起来，经济特区也开始建起来，但是法律法规不健全，又不能提供各种资讯，显然使外商充满疑虑，望而却步。CITIC 从筹备开始，就不停地接待各国商人来访，但谈成者寥寥，往往初谈兴趣浓厚，再往下深谈，却提供不了他们需要的可靠资信，商业咨询业务的短板极大地制约了外资在中国的落地。

中国虽然落后，但是有庞大的需求，从何处着手解决这个瓶颈？邓白氏的商业模式给了荣毅仁极大的启发。他决心成立一家咨询公司，邓白氏也被荣毅仁列为考虑的合作对象之一。回国后，他立即着手进行筹备，并且起点很高，面向国内外客户。1980 年 2 月，中国国际经济咨询公司筹备小组成立。一开始就设立了情报资料部门，从事商业资讯工作，同时在国家外资委的推动下，成立了《中国投资指南》编辑部。

引进先进方法，填补中国之短板，这样经典的案例，在同一次考察中，荣毅仁还创造了第二个。

在芝加哥第一国民银行签订了合作协议之后，荣毅仁在第一国民银行美国旧金山总部洽谈中，第一次听说了飞机租赁。他立即对这种业务模式产生了浓厚的兴趣，当时在国内这是闻所未闻的。

融资租赁从 20 世纪 50 年代开始于美国，后来逐步扩展到西欧、日本及其他国家和地区。它发展迅速，1978 年全世界租赁成交额达到 410 亿美元，而且以年均 30% 的速度增长，成为仅次于银行信贷的第二大投资方式，1980 年，美国租赁业对 GDP 的贡献率已超过了 30%。这种集融资和融物，贸易和技术更新于一体的新型产业，最终发展成为金融业的五大支柱之一，在西方被称为“朝阳产业”。在西方国家，很多企业的大型设备，包括外国航空公司的飞机，是从银行开的租赁公司租赁的，这给企业解决了资金投入之忧。“当租赁来的飞机飞行若干年以后，航空公司在付清了租赁费之后，就可以以象征性的价格获得飞机产权，然后把旧飞机售出赚一些钱或再租新机。”庄寿仓陪同荣毅仁从美国访问回来后在公司进行介绍。各国的航空公司通常都以租赁方式，而不是仅从购买的方式来解决航空运力不足的问题，租赁也拓展了银行的金融服务业务。

融资租赁是从美国引入日本的，并且在日本发展非常快。1963 年，第一家“日本租赁株式会社”成立，接着于 1964 年又成立了东方租赁公司和东京租赁公司，这标志着现代融资租赁业的诞生。

荣毅仁注意到融资租赁这一商业模式在日本的兴起。1979 年底，在访问日本时，荣毅仁专门与日本东方租赁公司商谈能否在中国合作建立现代租赁公司，并商谈将这一新兴商业模式引进中国的可行性问题。

对于刚刚从“文化大革命”十年浩劫中走出来的中国，百废待兴，非常急迫需要解决的问题是：追赶与国际发展的差距，要资金，要技术，要设备。然而，除了极少数企业引进部分较为先进的设备外，绝大部分国有企业的机器设备已经严重老化。一些大型骨干企业是国家“一五”期间苏联援建的 156 个项目，当时设备和技术都是很先进的，但经过 20 多年的运行也已老化；很多中小企业更是采用土法上马的方式运行。这种状况如何能够快速实现现代化工业，如何能够赶超世界先进水平？

当时国家财力单薄，每年数百亿的财政底子和数十亿的外汇储备，面对“文化大革命”停滞10年的经济发展，国家建设百废待举，很多国有企业正在扭亏增盈，无法维持生产，中国的人员技术和设备又面临彻底更新。

借鸡孵蛋、卖蛋还钱的方式被荣毅仁又一次应用到解决工业设备更新的问题上。他决定将融资租赁模式引入中国。为什么找日本的公司合作？荣毅仁通过考察，看到了日本的引进创新能力，同时日本已经成立了专业公司，有丰富的专业经验，还有发达的银行进行合作。而且日本当时是在中国投资的先行者，早于欧美跨国公司10年进入中国。日本一直在密切关注中国市场和CITIC的动向，他们急于寻找机会进入中国市场。

从日本归来后，一盘如何下的棋在荣毅仁的谋划中已经成形。据当时CITIC财务部负责人闵一民回忆，荣毅仁回国后，异常兴奋地向闵一民介绍了融资租赁在日本的现状。荣毅仁说，其实租赁的妙用是在企业资金短缺时，用这种方式可以及时引进国外先进设备，但通过购买等方式还是有能否买到最先进设备的风险的。同时租赁这种方式不受通货膨胀的影响，更有利于企业的技术改造和设备更新。在租赁期满后，企业还可根据需要，或退回或续租设备，也可低价购进设备。闵一民是延安抗大出来的老革命干部，又是共产党中的“老金融”，他在北京和平解放时代表中共接收北京旧政府的银行。他在调到CITIC之前是中国银行的司局长，长期负责金融研究工作。荣毅仁指派闵一民负责将融资租赁引进中国的工作，同时他又将与日本东方租赁筹备中日合资租赁公司等业务交付闵一民。

1980年6月2日，CITIC与日本东方租赁公司成立了中国东方租赁公司，随后，中国东方租赁公司筹建处在北京陶然亭公园成立。1982年以后，CITIC参股与物资部合资成立了中国租赁公司。与此同时，CITIC向中国民航推荐，与美国汉诺威尔制造租赁公司和劳埃德银行合作，利用跨国节税杠杆租赁方式从美国租进第一架波音747SP飞机，由此迈进了中国民航利用外资融资租赁飞机的第一步。

融资租赁初步试水的效益引起社会关注，无论对于中国政府部门或企业界、金融界及经济理论界来说，融资租赁都是一个全新的概念。这种制度和模式的创新对计划经济体制下的中国来说，必然产生观念上的冲突。自1949年中国实行土地改革，土地归国家所有，最大的出租人“地主”作为一个阶级已经被消灭。长期以来中国企业习惯于“自己拥有，大而全，小而全”。企业之间若有出借行为发生，是以社会主义企业相互协作之名出借，将免去其中租金收益，因为以财产租赁获取收益，在社会主义公有制中，被认为是剥削行为。怎么能允许以租赁的方式搞经营，以“租”的形式进行商业运行。敢为天下先和勇于创新的CITIC，首先要突破的就是观念束缚。

作为我国独资租赁中的先驱者，CITIC在向中国民航引入融资租赁时，首先推荐了杠杆租赁方式。杠杆租赁是近几十年才发展起来的高级租赁方式，特别是国际杠杆租赁是一种高级租赁方式，其交易结构、法律结构、合同文本相当复杂。因而杠杆租赁被认为是租赁方式的一项皇冠。为了摘取这项皇冠，凭借CITIC的实力，找到了实力相当的国外公司进入中国，组成联合承包人。中国国际经济咨询公司协同作战，CIEC法律咨询部、CITIC财务部，后来成立的中信银行共同组织了一批专业人员，与中国民航密切合作，为民航各地方部门提供及时、方便、周到、可靠的服务，并打破了外国咨询公司长期垄断中国民航飞机租赁业务的局面。

CIEC飞机租赁项目咨询起步时，是由顾宪成老先生主抓，他一直在进行跟踪研究。郑淑君配合顾老负责国航租赁咨询。美国波音公司找美国的银行，例如美国银行（Bank of America），组织成BOA银团，在银团机构中考虑了中方的银行和法律顾问的对接，由 CIEC 的法律咨询部承担中方法律顾问工作。

郑淑君说，中方的团队中有两个年轻律师，后来都成为国内首屈一指的飞机租赁法律实务专家。刘屹是从加拿大、美国留学回来后进入 CIEC 的，他很快就参与到飞机租赁项目中，飞机租赁的英文资料繁多，不夸张地说，完全可以用吨来称，而且要求快速阅读。刘屹英文阅读能力很强，在项目初期由郑淑君协助顾老谈判、起草各类文本，后来刘屹协助顾老去做，效率很高。随后，王刚又加入了这个项目团队。

当时 CIEC 是国内唯一做飞机租赁法律实务咨询的，先从国航起步，后来东方、南航等都引入租赁飞机业务，又相继成为 CIEC 的客户。

中信实业银行租赁部中国民航租赁的 LOCKHEED100–30 飞机

飞机租赁的法律咨询是高端国际咨询业务，每个租赁项目的时间、活动条件都要不断更新，需要延续做下来，同时是多方对接交易，国外银行代表飞机制造商或出租商，把飞机作价，向飞机制造商贷款，飞机制造出来后，国外银行与中国银行金融机构，以及中国航空公司承租人之间签署出租人与承租人之间的合同。在这几个基础合同签署下来后，还要保障飞机按时抵达承租公司，及后续按时维修，租金按时付，到期按时还，而且要基本完好归还。所有这些程序，再加上中国银行及国外生产制造商、国际银行之间的融资担保等过程都需要法律服务。刚开始，郑淑君和刘屹、王刚等人参考外国的律师文件起草各种文本，后来，就完全按照实际项目自行起草各种法律文件，同时也帮行业主管部门起草了一些法律文件。

“在这个高尖端的国际咨询专业领域中，我们一直是第一。而且承租方、出租方都委托我们，只要是做飞机租赁，十家有八家是经过我们的手，都由我们来出法律意见书。”张宏久非常自豪地说。

领跑汽车合资

20 世纪 80 年代中期，广东经济在全国已经遥遥领先。但基本上都是中小型项目，技术含量较低，外资也主要引进的是港资，很少与欧美跨国公司在大型制造业领域进行合资。

1985 年 3 月 15 日，广州汽车制造厂与法国标致汽车公司、中信兴业汽车公司、国际金融公司、法国巴黎银行在花园酒店隆重签字，共同组建广州标致汽车有限公司(以下简称广州标致)。这是继 5 个月前上海大众汽车合资项目后，中国汽车工业的第二个合资项目。五方股东的股份比例分别是 46%、22%、20%、8%和 4%，CIEC 的可行性研究部、情报资料部、法律部都全程参与谈判。参与的人员中，谢承彰、李绍极做可行性分析，张炳昆、张宏久等人做法律咨询，参加此项目工作的人员还有兴业公司柴国彦。

1986 年 10 月 10 日，广州标致成立后，投产的首款车型“广州标致 505SW8”旅行车正式面世；1989 年 9 月 11 日，广州标致又投产了 505SX 轿车，这款车的面世让广州标致公司的辉煌达到顶峰。在当时特定的历史时期，由于一汽大众尚未成立，上海大众也未成气候，广州标致505系列车型一上市，就成为明星车型。到1991年，广州标致在国内市场的占有率达到16%。

当时这个项目可谓名噪一时。由于中国尚处于引进外资的初级阶段，没有资金、没有技术、没有品牌产品，汽车工业底子薄弱的中国终于获得了向当时全球汽车巨头学习的机会，因而对法国标致颇有期待，广州标致的上马对于当时没有轿车生产经验的广州汽车厂来说，绝对是一个突破，在此之前，中国汽车行业只批准了与德国大众合资的上海桑塔纳项目。

标致汽车合资公司总装车间

汽车技术是不断发展的，但是当时法国标致比较保守，没有把最先进的技术放到合资厂中，只引进了一种PEUGEOT504车型。这在中国还处于从无到有的阶段，广州标致尚能独占鳌头，但是很快其他汽车合资项目被陆续批准，外方把比较好的技术用到中国，中国汽车工业飞速发展时，法国合资者没有及时更换车型，新技术的市场开发不能跟进，市场竞争力出现了强大挑战，这个合资项目虽然是汽车领域引进的先驱，但是最终在越来越激烈的市场竞争中还是被挤出了中国市场。

法国标致方曾经在电视采访中讲到这个项目，承认他们对中国汽车市场估计不足，没有想到中国汽车行业和消费市场发展如此迅速。毕竟这个项目使中国国际经济咨询公司最早进入了汽车制造业中外合资领域，这是非常有意义的。

养殖海鲜上餐桌

在中国农业银信托投公司和泰国正大集团的合作中，CIEC 法律部发挥了巨大的作用。正大集团是由泰籍华人创办的东盟地区最具影响力的知名跨国企业，在中国以外称作卜蜂集团（Charoen Pokphand Group）。在全球范围从事广泛的业务活动，是一家以农牧食品、零售、电信三大事业为核心，同时涉足金融、地产、制药、机械加工等 10 多个行业领域的多元化跨国集团公司。作为中国改革开放后第一批到中国投资的外商企业，30 多年来，正大集团积极投身中国改革开放事业，并不断加大在华投资力度。正大集团是目前在华投资规模最大、投资项目最多的外商投资企业之一。正大在现代农业和养殖业领域是非常有实力的。

1986 年，康典从 CITIC 海外部被调到中农信去从事农业投资项目，邀请张宏久去谈与中农信的合作项目，据康典介绍，他与时任中农信公司总经理王岐山商量，要发展中国海产品人工养殖业，他们和正大集团商议了一个改变中国人餐桌的项目：人工养殖海鲜。当时中国并没有人工养殖海鲜业，海虾供不应求，老百姓要吃虾又买不起，价格昂贵，虾的品种也很少。中国人爱吃虾，却不知道如何进行人工养殖虾，养鱼养虾很难成活，必须有技术。经济发展了，人民消费水平也在提升，菜篮子工程和餐桌上的问题已提到日程上，中国引进海洋人工养殖技术将会丰富中国人餐桌上的食品，那将是开创性的。泰国的养殖业是很发达的，正大集团是全球饲料提供商，家禽饲料业、海殖饲料业都很发达。而“泰国”在中国几乎家喻户晓，那时“正大综艺节目”是收视率最高的节目，泰国饲料、粮食产品也长期进口中国。张宏久等人参与了中农信的法律谈判，到泰国考察人工养殖海鲜技术，使这个项目得以顺利签约。

与正大集团合资企业成立后，我国在福建沿海等地圈出部分水面作为养殖场，还派博士生到泰国正大的养虾厂专门去学习海水养殖。中信律师事务所作为中农信的法律咨询顾问，为中农信在泰国的投资项目保驾护航。

破解能源难题

1984 年，中国电力供求矛盾突出，许多地方企业不得不开开停停，电力供应已经拖了经济发展的后腿。荣毅仁与水电部部长钱正英联名向国务院打报告，提出解决我国电力供应不足的问题，仅靠政府出钱、建电厂是不够的，要引入外资、合作办电厂才是又快又好的途径。报告又提出，要“利用中信公司对外开放窗口的优势，吸引外资建设电厂”。荣毅仁的建议很快得到了国务院领导的高度认可。水电部与 CITIC 共同讨论与落实引进外资的问题。

我国改革开放以来，第一家利用境外资金合资建设的现代化大型火力发电企业——江苏利港电力合营有限公司（以下简称利港电厂）也是由 CIEC 协助成立的，可行性咨询由谢承彰承担，法律咨询由郑淑君、张宏久承担。

经过“文革”的浩劫后，我国能源行业发展缓慢，1978 年，中国全国发电装机容量仅仅是 5 712 千瓦时，全年发电量只有 2 562 亿千瓦时。统计表明，全国缺发电装机容量 1 000 多万千瓦时，缺电量 400 亿千瓦时，缺口约1/5。电力不足，在东南沿海地区表现得尤为严重，对国民经济发展产生了巨大的制约。

如何破解能源难题？1986年，CITIC和水电部联合发文，上报国务院申请成立电厂，利用外资合资办电厂。

1987年，荣智健从香港回到了无锡老家，考察了电力供应最为紧张的长江三角洲太湖之滨的无锡市江阴利港镇，CITIC将在这里建设第一家发电厂。当时之所以选择这个地方做厂址，除了由于供电紧张，另外它还是实行高电价、市场电价承受能力强的地区。随即，CIEC便和CITIC一道，开始了利港电厂的筹备工作，CIEC的可行性研究部首先投入工作，随后CIEC法律部配合可行性研究部为筹备中的利港电厂提供法律咨询业务，在当时艰苦的环境中，CIEC法律部用油墨打印机一页一页地敲出合同章程、法律文件，利港电厂的筹备全过程都有CIEC法律部的参与。

江苏利港电厂

1987年9月，经国务院审批，国家计委发文批准合资建设江苏利港电厂项目建议书，同意CITIC和水电部共同组建新力公司，对利港电厂项目进行管理。公司注册资金1亿元人民币，CITIC占股65%，水电部占35%。新宏电力投资有限公司占 56.31%，新力能源开发有限公司占 26.21%，江苏省投资管理有限责任公司占 8.74%，无锡市地方电力公司占 8.74%。

1988 年岁末，江苏利港电力有限公司成立，新力公司是控股股东，与此同时，利港电厂一期工程正式开工，1993 年，一期工程竣工。1995 年，二期工程投入运营。两期工程共 4 台 35 万千瓦时发电机组并网发电，为华东地区提供了稳定的能源支持。

CIEC 法律咨询部还协助利港电厂设备采购、码头选址、码头使用等项目的谈判，由于利港电厂采用的是火力发电，当时担心一旦国内的煤炭原材料供应跟不上，电厂就会面临巨大的问题。居安思危，利港电厂当时就决定采用澳大利亚的煤炭资源来缓解国内煤炭供给不足的情况。后来，利港电厂在并网发电的过程中，果然出现了山西的煤炭供给不足的问题，于是从澳大利亚进口煤炭资源解决了这个供给瓶颈，可见在谈判时 CITIC 经验丰富，在关键环节提供了咨询建议，具有先见之明。

该项目效益极佳，曾被戏称为“印钞机”。

由于 CIEC 工作出色，当年负责利港电厂项目的谢承彰后来直接就被 CITIC 派到新力管理公司做了负责人。而且，利港电厂后来的法律顾问就选择了当年 CIEC 的法律部，即便到了后来中信律师事务所与 CITIC 脱钩，利港电厂依然聘请当年 CIEC 法律部的张宏久为其处理法律事宜，为利港电厂提供法律咨询服务，这种关系一直延续到今天。

CIEC 承担的另一个有代表性的能源项目，就是 1981 年世界银行融资的鲁布革水电站。当时从工程标书、设计图纸到法律意见书都需按世界银行的标准和要求去做。这是中国改革开放后，世界银行向中国投资的最大的一个项目之一，因而在当时极具影响力，中国政府和世界银行都十分重视，CITIC 经过充分准备参加国际招标。电力紧张已经成为中国工业发展的瓶颈，水力发电周期长，投资也很大，中国资金又很紧张，最后经过论证，世界银行通过了这个项目。这是 CITIC 参与的第一个国际招标的能源项目，英文法律文件巨厚，由程祁昌负责这个项目，后来这个项目成为世界银行投资的典范，此项目之后，CIEC 又为多项国际合作与中外合资的大型电力项目进行了法律咨询。

中信律师事务所为中外合资的电力建设相继做了很多的工作，包括中印合资的嘉兴电厂，中美合作的河北大唐清苑热电厂，珠江电厂，中国比利时合资的长虹热电厂。除此之外，中信律师事务所还成为大亚湾核电站的法律顾问，处理大亚湾核电站的法律文件，甚至连向国外引进设备的采购合同都是中信律师事务所做的。经过若干年的努力，中信律师将触角伸入到电力领域中多个有影响力的中外合资、合作法律咨询项目中。

首闯华尔街

1993 年 7 月 28 日，CITIC 在美国纽约成功发行了 2.5 亿美元的公募债。这是新中国成立后，中华人民共和国在美国市场发行的第一笔公募债。1911 年清朝末期，中国在美国市场发行了第一笔公募债，时隔 82 年，由美国投资家认购了第一笔新中国的公募债，因而受到国内外金融界、舆论界的普遍赞扬。中信律师事务所配合 CITIC 一道完成了这个历史创举。

美国资本市场规模大、成本低，而且以长期稳定著称，是世界上唯一可以筹措 20 年以上超长期商业资金的市场，因而非常适合发展中国家那些投入大、风险高、建设周期长的基础设施投资。2.5 亿美元的公募债同 11 年前 CITIC 首次到日本市场发债的意义一样，完全有资格以浓墨重彩写入中国改革开放的史册。正如国家外汇管理局外债司一位负责同志说：“此次发债的意义，不仅是 CITIC 拿到了 2.5 亿美元的资金，而在于中国重新进入了国际资本市场，这展现了改革开放的成功，进一步提高了国外投资家对中国经济前景的信心，为国家赢得了在国际融资市场上的主动权。”

此次发债，是由魏鸣一董事长牵头，常振明、张宏久等都是发债的骨干。让他们意想不到的是，海外投资者对中国发行扬基债的“热情”，美国贝尔斯登和高盛证券公司是此次发债的投资顾问，CITIC 最初设计发债额为 1.5 亿美元，最后发行了 2.5 亿美元。由于 CITIC 在美国的扬基债是首发，为此，CIEC 法律部为发债做了大量的法律工作和审批细节的沟通。美国高盛证券公司和苏利文律师事务所就发债一事联合组团，对 CITIC 进行调查时，CIEC 法律咨询部与美国律师密切配合，成为美国律师背后一支高效的 CITIC 工作团队，他们是发债工作小组的强大后盾。这次债券“发行证明书”的起草工作，是一个关键环节，共有中美双方四家律师事务所参与，反复修改达 20 多稿，这是一部史无前例的经典性文件。双方律师们有时候为了一个词就要争论半天，在双方共同努力下，一部厚厚的说明书仅用了 2 个月时间便全部完成，从而保证了 CITIC 在正式提交发债登记时，能立即将说明书送达美国证券交易委员会。

1994 年 10 月，CITIC 受中国海洋石油总公司的委托，又在美国成功发行了一笔金额为 2 亿美元、期限为 12 年的公募债，这是 CITIC 在美国发行的第二笔债券，也是 CITIC 第一次受国内大型企业委托到国外发行的公募债。法律咨询部在这次发债中又一次与美方律师共同配合 CITIC 完成了法律咨询业务，对于公司的国际融资业务来说，这又是一个新的开头。法律咨询部在国际资本市场中也得到了锻炼，树立了中国律师的形象。随后，法律咨询中的国际融资委托项目源源不断。

有人开玩笑说，CITIC 的资本信誉已经确立了其全球化的地位，下一步，CITIC 大概可以发行“全球债券”了，这话在今天看来，已不是玩笑。后来，CITIC 又相继在东京、中国香港、伦敦、法兰克福、卢森堡、新加坡、纽约等地成功发行了数十种债券。荣毅仁在创立 CITIC 时，确定的“从国外吸收资金，引进先进技术，为四个现代化服务”的宗旨，在中国乃至世界的市场上都已得到了充分的体现。

踏进特殊领域

早期 CIEC 的诸多“第一”中，也有一些在中国属于特殊领域，而后成为行业的佼佼者。比较典型的案例有两个：

中信泰富公司江阴兴澄特钢厂生产车间

1995 年 9 月 5 日，中国第一家中外合资投资银行——中国国际金融股份有限公司（以下简称中金公司，缩写 CICC）诞生了。当时，中国还没有独立的投行机构，在时任中国人民建设银行行长王岐山的支持下，中国人民建设银行与国内外著名金融机构和公司基于战略合作关系共同投资组建了中金公司，注册资金为1.25亿美元，股东除了有中国人民建设银行外，还有摩根士丹利国际公司、中国投资担保有限公司、新加坡政府投资公司、名力集团控股公司，中金公司有强大的国内外股东实力，其宗旨定位为准确地把握中国市场脉搏，更好地为客户提供投资和证券服务。

中信律师事务所承担了法律咨询方面的工作，进行了公司结构设计，提供了法律咨询合同、章程，同时起草了向各部委申报各类报告的文本文件，并代理申报政府批文。主持该项目的是张宏久，同时参与的还有杨新平、徐扬等人。

这个项目的组建，为中金公司的成立付出了巨大的贡献。

1993年，中信泰富与江阴钢厂合资，目前，江阴兴澄特种钢铁有限公司隶属中信泰富特钢集团，是中信集团下属的高度专业化的特钢生产企业。兴澄特钢地处长三角核心区域，位于江苏省江阴市高新技术开发区，北临长江，自建5万吨级远洋码头两座，南接锡澄、沪宁高速公路，拥有公路、内河、长江和远洋海运等发达的交通物流优势，CIEC为合资项目做了大量的细致工作，进行了可行性、法律咨询工作。从1993年合资成立以来，公司以“建成全球最具竞争力的特钢企业”为愿景，经过20多年艰苦奋斗，现已成为全国特钢企业的龙头企业，被国家列为四大特钢产业基地之一和中国特钢技术引领企业，国家火炬计划重点高新技术企业，全国首批两化融合企业。目前年产铁500万吨，钢690万吨，其产品广泛应用于几十个领域，其中高标准轴承钢连续11年产销名列全国第一，汽车用钢连续7年获全国第一，目前已经成为全球最大的特种钢生产基地，是中国门类齐全的综合类大型特钢企业，成为中国特钢行业的领跑者。

经济外交

长袖善舞，以经叔平为首的CIEC在对外交往领域中脱颖而出。

经叔平出身望族，受教名校，仪态高贵，博学多闻，思维敏捷，人脉宽广，是优秀的社会活动家；新中国成立前是家族私企老板，新中国成立后担任了全国工商联副秘书长之职，“文革”中，席卷而来的政治风暴把他送进了湖北沙洋的干校，受到批斗，一度长期务农；一夜东风，伴随组建中国国际信托投资公司，昔日好友荣毅仁找到经叔平，此时的经叔平已60岁，但他却说，自己的人生从60岁才开始。经叔平成为CITIC董事、首任新闻发言人，在任CIEC总经理期间，非常注重开拓对外交往。他认为，改革开放刚刚起步，世界需要了解中国，封闭了几十年的中国更需要了解世界。

荣毅仁会见美国某跨国公司首席执行官及随行人员

经叔平这位“经济大使”并非虚名，正是在他的推荐下，使得朱镕基在任副总理、总理10年期间格外关注中国注册会计师行业。1989年，经叔平向时任上海市市长的朱镕基建议，邀请外国著名企业的领袖人物当咨询顾问。经他牵线搭桥，积极组织了21位来自世界11个国家的企业巨头组成的“上海市市长国际企业家咨询会议”，为上海改革开放出谋划策。由此，不少国际会计公司的高层人士亦成为“上海市市长国际企业家咨询会议”的成员。

在瑞士召开的“世界经济论坛”，当年叫作“欧洲管理论坛”，每年在日内瓦举行一次中国专题报告会，每次经叔平都是赶在第一天抵达，晚上与参会的企业界人士共进晚餐，深度沟通，并将每个人提出的问题收集汇总，第二天进行有针对性的解答。他与外国企业家们逐一见面，探讨有关到中国投资的种种细节问题。有时在一天之内，他就要接待四五十位企业界人士，回答问题无数。

经叔平与国外公司洽谈工作

顾心阳回忆说，一次他陪经叔平接受一位记者采访，记者问道：“听说你们上海人很精明，谁愿意和上海人做生意呢？你们太精明了！”经叔平说：“那么谁愿意跟傻子做生意呢？”从这样一个简短而精彩的回答，就可以看出经叔平独特的外交风格与机敏的反应力。

中国国际经济咨询公司总经理经叔平 1983 年 8 月在瑞士参加欧洲管理论坛研讨会

王敏治忆起了当时的一段往事，“1984 年吧，经老率顾老及李兆丰出访英国参加《中国投资指南》首发式，期间会见了英国政府和新闻界一些人。一天深夜，荣老板来电话找我，让我务必请经老尽快联系他。经老出访回国后，又过了一段时间，我听经老提到此事，才得知：在英国访问期间，经老参加了一个记者招待会，会上外国记者问起，中国现在实行改革开放，将来是否有可能开放股票证券市场？经老回答（大意）中国改革开放的进程是人们事先不能预料的，也是不以人的意志为转移的。他说，我认为随着改革开放的深入和中国经济的发展，开放股票证券市场不是没有可能的。次日，此消息被登在英国一些报纸的头版头条（时任国务院总理刚好正在英国访问，而总理访问的消息却载于同日报纸的第二版上）。政府有关主管部门看到此消息后，当即给荣老板打电话质问，你们中信公司有什么资格说这话？股票市场是资本主义制度的产物！此时荣老板不免有些紧张。经老回国后，荣老板特邀请政府有关部门人员去家里做客，并请经老当面解释了此事，使他们得到了理解。

多年以后，我还听李兆丰说起，在记者招待会上也有人问，1911 年清政府在美国发行的湖广铁路债券，不少外国人手里都有。在中国开放股票证券市场后能否兑现？经老回答，如果开放了股票证券市场，经过政府间的谈判，也不是没有可能的。李兆丰解释，据说 90 年代以后湖广铁路债券真的予以兑付了。”

1984 年 11 月 12 日，经叔平（前左一）、顾宪成（后左二）为《中国投资指南》与朗文出版公司董事长蒂姆·里克斯签名留念

由此看来，经叔平还是很有眼光的，这表现了经叔平对改革开放的深刻认识，他敢于对记者说这话是对中国的国际信用充满信心，既然要与国际接轨，就必须要按国际经济规律办事。

1984 年，经叔平曾亲自去香港、纽约、华盛顿等地推介《中国投资指南》在全球发行。中国改革开放的最初十几年，经叔平几乎走遍了世界各地，所到之处，所做的最重要的事情，就是宣讲中国对外开放的方针政策。他用流利的英语进行富于感染力的演讲，吸引外商到中国投资。

有一次，一家报纸刊登了经叔平与英国前首相希思、中国时任驻英国大使胡定一在希思家的花园里散步的照片，标题中称经叔平为“中国经济大使”。此后，“经济大使”的美誉便流传开来。

经叔平与很多国际上的知名企业家、政府要员都有着密切联系，他与英国前首相希思的友谊和故事也一直为人所津津乐道。2016 年希思就 100 岁了，他在国际上被称为“欧洲的基辛格”。

据说，经叔平是希思的座上宾，他们不仅私人关系密切，而且他们经常对中国政治、中英贸易关系等方面进行深度交流和沟通。希思任首相期间，英国加入了欧洲共同体。希思于1992年被封爵，曾任英国十大银行之一的布朗－希普利银行董事，他多才多艺，既是政治家，也是艺术家，他是皇家音乐学院的理事，伦敦交响乐托拉斯主席和欧洲共同体青年管弦乐团团长等职。1970年，希思任巴赫合唱团副团长。

经叔平应邀到希思家做客

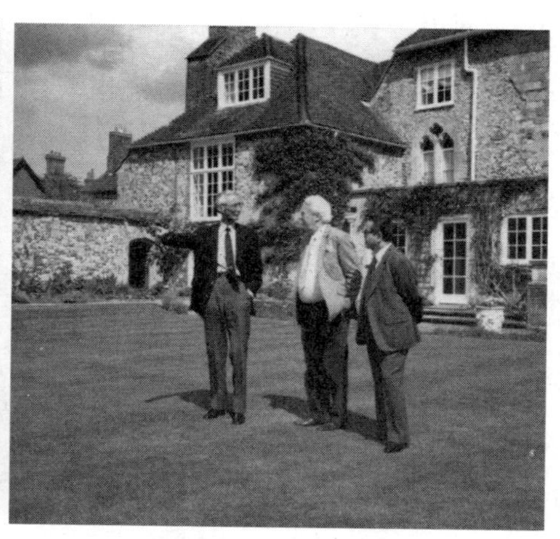

经叔平与希思(左二)、胡定一大使(左三)在花园散步

在中国人的记忆里，希思先生是中国人民的老朋友。2002年11月26日，中国人民对外友好协会会长陈昊苏在中国驻英国大使馆向他颁发了“友好证书”和勋章，授予他“人民友谊使者”的称号，并对他数十年来为中英友好做出的杰出贡献表示崇高敬意和由衷的感谢。在希思首相任内，努力促使中英两国于1972年建立了大使级外交关系，开启了两国关系正常化的时代。从1974年起，他27年里访华26次，是继李约瑟博士后第二位获得中国民间外交领域最高荣誉“人民友谊使者”称号的英国友人，也是见过毛泽东、周恩

来和邓小平三位中国领导人的最后一位国外政治家。

希思不仅是政治家，也是经济外交家。作为安达信集团高级顾问的他，积极探索与CIEC在中国的多方合作，其中管理咨询部分的业务洽谈及部分大型的公关活动都与CIEC业务开发部进行了深度合作。特别是希思在访华期间，CIEC与安达信集团在人民大会堂安排的一次“为残疾人募捐义演音乐会”，义演的具体筹备工作都是由CIEC操作的。

希思执棒，一个国家政要任交响音乐会的指挥，在人民大会堂的舞台上正式演出，在中国也是轰动一时，还上了新闻联播。邓小平当晚观看了节目表演，第二天接见了希思，高度赞扬了他的义演，这一大型的公关活动，促进了国际交往和友谊，唤起了社会对残疾人福利的极大关注。CIEC业务发展部参与组织工作的胡柯回忆说：“当时我们部门的沈若芸、李兆丰、陈俊、陈晓春都参加了组织工作，在人民大会堂举办的这次交响音乐会，由经老亲自到场致辞。整个会场坐满了中外嘉宾，场面非常热烈。”

2004年7月7日，由于对中英国际贸易的出色贡献，英中贸易协会在人民大会堂举行成立50周年庆祝活动时，向对英中贸易和英中关系有着杰出贡献的10位中国人颁发破冰先锋奖项，经叔平就是获奖者之一。

孵化新机构

1987年，徐世伟从欧盟御任回国。他曾经是对外经济贸易大学副校长，后来被中国派到欧盟任商务参赞，还曾担任过比利时、卢森堡的商务参赞，在欧洲工作了5年多。荣毅仁从外经贸部把徐世伟调到CITIC工作。在与徐世伟的谈话中，荣毅仁提出，希望徐世伟到CIEC担任总经理，协助经叔平董事长工作。

那时，经叔平一直是中国国际经济咨询公司的董事长兼总经理，同时他还担任全国工商联副主席，CITIC副总经理，还有很多社会活动。徐世伟很直率地说，他欣然接受了这个新工作，他对这方面的工作非常有兴趣。徐世伟在比利时、卢森堡及欧盟的工作中，经常对中国的对外开放政策进行演讲和各类政治宣传。在他主管下，从欧洲共同体经济、贸易谈判，到与中国签订的第一个经济贸易协定都逐一谈成。他说，这与CITIC作为改革开放的窗口所从事的事业是共通的。讲到CIEC，他又说，他认为它是一个大脑，从经济、贸易、法律、会计等领域在中国的发展占有了先机，CIEC为全国第一家，律师事务所为全国第一家，会计师事务所为全国第一家。中国改革开放后，人家要进入中国市场来投资，离不开专业中介，离不开宣传介绍，离不开可行性研究，中国原来没有这样的机构，CITIC要改革开放，对外要当窗口，自然要靠CIEC，要有专业水平很高的咨询服务。

由此，徐世伟担任CIEC第二任总经理。此时，褚启元、葛继武、郑淑君、沈若芸、李湘鲁为副总经理。这个领导班子中，褚启元和沈若芸是从外交部来的，褚启元曾经任中国驻英代办；葛继武是从国家经委调来的；李湘鲁从中办过来，曾担任国务院总理的秘书，更多的工作是筹备国际研究所。徐世伟除进行全面管理外，还分管中信会计师事务所及中信律师事务所。

孕育出版社

此时，编辑部长大了，也需要换件更合体的衣服了。

侯健君对此有一个很经典的描述，她说："中信就是一个小巨人，一开始穿了一件合体的衣服，个子长大了以后，衣服就崩裂了。"编辑部的发展越来越大，需要有相应的资质。

在全球发行了《中国投资指南》中英版之后，CIEC又与日本研究社联系，在日文出版社出版发行了日文版，与台湾合作繁体字版，在海外华人地区发行。

后来，中国利用外资的环境不断得到改善，很多外国投资者对投资中存疑的问题很多时，CIEC就与当时的对外经贸部（现商务部）外资司、条法司合作，对很多投资和法律问题进行解读，以补没有出台法律细则之困。同时，在对这些现实问题不断积累的基础上，与对外经贸部外资司初保泰副司长合作编写了《中国投资问答》，这本书的第一版是与香港大学出版社合作出版发行的繁体字版和英文版，与《中国投资指南》进行匹配。但是问题出来了，"我们也有国内市场需求，我们总不能只满足海外市场需求，而不考虑国内读者吧？"季红说。当时，她也正在考虑出版利用外资丛书，第一本编辑之后，没有国内出版权，只好到别的出版社出版了第一本。"出版业务的发展使我们考虑到要成立正式的出版机构。"季红说。随后，她就去找CITIC领导和经叔平，谈她的想法，希望公司能解决这个成长中的困境。

没过多久，CITIC正式向国家出版局申请成立出版社，并获得批准。在出版社成立之际，季红陪同中国著名的经济学家、时任国务院发展研究中心主任薛暮桥去见荣毅仁，荣毅仁向薛老介绍说，中信出版社是中国第一个被批准由企业办出版社。他说："为什么中信要办出版社，并不是为了赚钱，有很多好的学术和专业著作有很重要的作用，但是没有大众的阅读量，得不到出版社支持，形成出书难的现状。中信公司有责任做一些促进和支持工作，让真正有学术价值和有专业水准的书能够得到出版，在社会上发挥作用。"

薛暮桥和荣毅仁是同乡，他用无锡话称赞荣毅仁的社会责任，并说要向学术界报这个喜讯。很快，CIEC 成立了中信出版社筹备小组，季红、林成、何培慧、徐懋东 4 人进入筹备组，成为中信出版社创业人员。与此同时，李湘鲁副总经理在 CITIC 副董事长唐克领导下，在 CIEC 成立了中信国际研究所筹备组。在 CIEC 孵化成形后，1987 年独立出去，正式成立中信国际研究所。

中信出版社成立后，出版的第一套丛书，就是与 CIEC 合作编辑的。为什么与 CIEC 合作一套利用外资丛书呢？季红说，当时，中国已经改革开放将近 10 年，形成了一套具有中国特色的开放之路，同时也积聚了丰富的实践经验、独特的案例，CIEC 是利用外资领域的先行者，具有一批最优秀的专业实践者，具备了著书立说、把经验推向全国的条件。鉴于此，她在法律、财务、可行性 3 个有代表性的领域，与张宏久、张克、钱锵、蒲明书进行合作，他们都是第一次著书立说，没有写作经验，从规范性和理论体系上会增加编辑难度，但季红始终认为，这种创新性与应用性的实践积累和理论联系实际是非常有价值的，况且，中国的改革发展不是照搬照抄，一直走的是适合中国国情的独特道路。这是在利用外资理论上进行了原则性的突破，并突出中国实践、中国道路、中国模式的特点。这 3 本书出版后，填补了市场的空白，立即被国家计委等政府机构作为政府和行业协会的培训教材。这些机构都说，这些书为他们利用外资的培训奠定了基础，因为国内没有。蒲明书特骄傲地说，这本书让他在外面出名了，到处请他去讲课。张宏久、张克也早已是桃李满天下。CITIC 的经验已经脚踏实地地融入践行中国道路、总结中国模式之中。

分合“永道”

1985年，财政部颁发“中华人民共和国注册会计师证书”。李文杰是1号证书，季树农是2号证书，国家颁发的第一批注册会计师证书的前十名几乎都是CIEC的成员。

1986年，中国颁布了《中华人民共和国注册会计师条例》，在《条例》中确定了从事会计业务的机构。在此之前，会计咨询业务一直由CIEC签报，当时CIEC已有注册会计师。1986年下半年，筹备成立会计师事务所，1987年，正式成立中信会计师事务所（简称会计师事务所）。会计师事务所是一支高效率、高素质、人员精干的队伍。负责人张克说：“有时候我们到外地去开展业务，地方的事务所经常会讲：‘我们是小所，只有五六十个人，你们是大所’，每当遇到这种情况的时候，我就略显尴尬，只能把这个问题含糊过去。但我们又不得不去思考，怎样能够突破这样一种限制，把业务开展起来。既然编制是无法逾越的一道墙，只能另辟蹊径。于是在北京地区开始建立会计师事务所分部，分部多半利用一些其他单位退休或快要退休的人员。在取得一些单位支持的情况下，建立一个分部，租赁一处办公室，发展若干人员。大概用了两三年时间，这样的分部一共建立了8个，才缓解了人手不足的压力，也扩大了业务。后来在上海设立了中信会计师事务所上海分所，记得上海分所成立的时候，汪道涵还到场道贺，通过这样一系列的措施，使得会计师事务所在当时的体制下走出了一种变通的道路。”

中国不断开放的市场让外资开始觊觎，随着中国开放程度不断加大，特别是加入WTO以后，国际知名的会计师事务所，尤其是当时国际著名的“六大”会计师事务所，也随着他们的客户进入了中国。“六大”会计师事务所实际上在20世纪80年代后期就已经在中国设立了代表处，但是受到了竞业限制，不可以签署报告，不可以收费，只能做一些联络沟通或者提供咨询这样的一些工作，这种限制外资进入的政策，给国内中介服务机构的生长提供了一定的保护期。但有些进入中国的服务机构，有战略布局，看好中国是一个世界最大的、潜在的会计市场，于是陆续打入中国市场。

1993年，中国注册会计师协会代表财政部在日内瓦与这些国际会计公司的代表接触时，他们就预言：在下个世纪初(21世纪)，国际会计机构在中国的会计市场就可能拥有100亿美元的份额。所以，他们“耐心地‘潜伏’了十年之久”，而在20世纪90年代初，随着中国改革开放的深入，特别是随着中国证券市场的建立，他们开始行动起来了。

1992年下半年，第一家中外合资的会计师事务所毕马威－华振开始组建。这缘于财政部当时的一个决定。当时全球六大会计师事务所为最大的跨国经营的行业先锋。1992年，财政部同意这六大会计师事务所在中国办合资会计师事务所，但中方合作对象要由财政部批准，财政部要在中国选取6个质量最好的中国会计师事务所，让这6个所与国外“六大”会计师事务所分别组建中外合作会计师事务所，当时确定了北京4家事务所、上海两家事务所。1992年7月17日，财政部以财会协第23、24、25号文，批准成立安达信－华强、毕马威－华振、安永－华明3家中外合作会计师事务所，这都是财政部下面的会计所，剩下的其他几家国际会计公司，纷纷在国内寻找自己的“合作对象”，而这些合作对象的中方，是国内的大所、名所，它们都有极其强大的后台(挂靠单位)。中信会计师事务所被永道国际会计公司看中了，中国国际经济咨询公司作为中信会计师事务所的“挂靠单位”，在国际上享有威名，再加上CITIC在国际上引进外资的窗口功能，他们再也找不到比CITIC更“牛”的“靠山”了，永道国际会计师事务所看准了要与CITIC合作。

1992年12月31日，财政部又以财会协第65号文，批准成立普华－大华会计师事务所；接着又批准了沪江－德勤、中信－永道两家中外合作所。就这样，到 1992 年年底，“六大”会计师事务所在中国通过中外合作所的形式，合法地全部进入了中国的会计市场。

1987 年，中信会计师事务所成立招待会

在中国打开中外合作大门之后，永道国际的“大老板”找到经叔平，在当时的形势下，双方一拍即合，很快达成合作协议。为尊重中方，外方表示了两点：一是合作事务所的名称要把中方的称谓摆在外方的前面；二是由经叔平出任合作所的董事长，这与其他合作所相比是不同的。

实际上，永道刚到中国来时，并不接受合资、合作的方式。因为在全世界市场经济制度的国家都没有这种方式，所有的国际会计公司都是合伙制。但是在中国，对外资是有进入门槛的，在合作方式上也有所限制，要搞中外合作模式是当时中国法律的规定，并没有企业通过谈判自行解决的可能性。合作的外方是合伙制，中方是国有制，两者差别太大，怎么进行合作？永道提出来的合作方式是同样实行合伙制，这在他们看来是天经地义的，他们在全世界都是这样做的，为什么在中国就行不通呢？其实这种磨合对于中方来说也是要面对的新课题。

中国处于向市场经济体制转型和外资市场逐渐放开的过渡阶段，一方面在政策法规上要适当保护民族利益，这将会在关于合作方式的法律规定中有所体现；另一方面要积极融入国际经济，按国际规律办事，由此，我们在很多方面都体现出中国特色的味道，并且是摸着石头过河，逐步探索中国的可行方式。

永道国际迫于无奈，为了进入中国市场，最后不得不接受了合资、合作的方式。后来包括其他几大国际会计师事务所在实践中发现，这是一种对“国际”来说最好的方式，其他国家和地区他们不能控制，只有用“中国方式”，他们才能最好地融合。

对于与永道合作的模式，当时经叔平与张克商量怎么个“进入”办法？张克主张：要么全合，要么不合。要合就把中信会计师事务所的全班人马都放进去，否则难以平衡相互之间的关系。经叔平听取了张克的意见，决定采取全合的方式，只留几个人做善后工作。由此，中国国际经济咨询公司会计师事务所全部进入中外合作事务所，一方面可以全面学习国际经验，有利于培养中方人才；另一方面中方拥有一定实力，能更好地控制合作所。当时的人事安排是：经叔平任董事长，张克任合作所副总经理，主持日常工作。最终，六家事务所中，只有CITIC基本上是整体地和永道完成了合资，这使中信永道的管理模式和其他五家合资事务所有很大的不同，特别是在中方的话语权上完全不同。

中信永道在1992年12月获得财政部批准，荣毅仁、经叔平等领导都出席了庆典酒会。之后，就进入筹备阶段，1993年4月1日正式开业。此时，永道国际选派了一位永道香港的合伙人——尹锦涛出任总经理，张克任副总经理。尹锦涛是一位专业人士，与张克一起，一心一意只是想怎么把事务所做好。1996 年之后，张克任总经理。

开始阶段，中外双方合作很顺利。1994 年 6 月，在中方总经理的第一次会议上，张克提出了 5 条建议：第一，一切收入要纳入合作所；第二，代表处的财务应当并入合作所；第三，重大财务开支要共同确定；第四，工资总额要进行控制；第五，5 000 元以上的支出要联合审批。大家对张克的发言感到吃惊。当时还没有一家中外合作所的中方能够做到这五条，但张克提出的建议，至少他们可以做到，他们在会上又提出中信永道与外方在合作中互相谅解、同舟共济、宽容大度等方面的建议，并把会议纪要写成一份 2 000 字左右的材料，上报中国注册会计师协会，在其内部简报中登载。后来，这期简报在业内产生了较大的影响。

其他 5 家会计师事务所的中方则完全是大权旁落，虽然是中外方各 50% 出资，但那 5 家全是外方管理，中方连一点话语权都没有，有的事务所请一个扫地的清洁工都要报到香港批准；还有就是管理层开会后，外方就告诉中方经理，我们刚才开了一个什么会，你们中方要做什么，等等，就这么一个屈辱情况，中方并没有主权意识。唯独在 CITIC，荣毅仁从公司刚建立时就强调要不卑不亢，要有原则和立场。所以唯有在 CITIC，张克管理着从行政、财务、审计到人事管理等工作。新加坡总经理管什么呢？他管国际联络、技术标准、技术系统。这中间也是有过很多博弈的，永道认为其他五大合资事务所都是外国人掌握全部权利，为什么 CITIC 就不行，就搞了“八国联军”，派了各国 20 多个外国人进入管理班子来分权，又给张克弄了一个大中华区董事，明升暗降。中方的权利是不能退让的，张克是不能让 CITIC 的大权旁落的，由于张克的坚持，把中方权利架空的把戏没搞成。

在 CITIC 的掌控下，中信永道是六大合资会计师事务所中发展最快、业务最好的，也成为中国最大的会计师事务所。1994 年，中信永道收入达 1 000 多万，在当时是一个非常大的数字。1998 年到 1999 年，收入达到 7 400 多万元，当时张克的报表并入 CIEC，使 CIEC 年收入达到八九千万，那时与中信银行一起成为为 CITIC 贡献的大户。

中信永道会计师事务所董事会会议

开业不久，中信永道在永道全球创造了发展速度“第一”的业绩，特别是中信永道在实施“本地化”的过程中，比其他五家取得了更显著的成绩，永道国际决定将全球董事会在中国召开。他们提出，希望在会议期间能够受到时任国务院总理李鹏的接见。结果，天遂人愿，李鹏总理在钓鱼台接见了永道全球董事长。接见中，李鹏总理表扬了永道国际对培养中国本地人才及对中国资本市场发展做出的贡献，同时对永道全球国际合伙人强调说：“要实行人才本地化，这是对双方都非常有意义的事情。”当晚，在钓鱼台，时任财政部部长刘仲藜和副部长张佑才也会见了参加会议的永道国际全体董事。

话分两头，在中信永道发展如火如荼的时候，“留守”在中国国际经济咨询公司的会计们也按捺不住，重燃创业激情了。

在中信会计师事务所工作，并担任常务副主任的罗学富回忆说：“后来，中信集团又想把会计师这部分业务恢复起来。负责‘恢复’的是当初没有跟张克走的叫程健的会计师，也是副主任，主任是刘光裕，也是CIEC的副总，因为中信会计师事务所就是中信公司的下属机构。”

程健性格比较倔，但工作起来很实在，雷厉风行，根据中信会计师事务所的需要，他招入多位注册会计师，有了人就好办事，不费周折，就把中信会计师事务所“重建”了。

罗学富是亲历者，他回忆说：“在国内，当时都知道中信会计师事务所，名气还是不错的，也做了不少业务，主要是做上市业务、上市公司的审计、上市公司的评估。”

那些年上市的大项目，中信会计师事务所都有所斩获。清华同方、岷江水电、万方铝业等，都是中信会计师事务所的客户。这种繁盛的局面一直维持到了1998年会计师事务所脱钩。1999年，中国进一步放宽外资准入政策，允许国外会计师事务所在中国独资办所。这些虎视眈眈的外资企业早就想甩掉中国企业，独吞中国的市场份额。永道马上提出与CITIC结束合作，自己新办独资企业。1999年9月30日，中信永道终结了。

回到中信永道，时移势易，世事如此。

独立性问题凸显

在中国国际经济咨询公司的“母体”中，中国第一家律师事务所同样是在艰难中“崛起”。

CITIC成立后的第一年，外宾和港澳同胞纷至沓来,CITIC接待的人中有企业家、银行家、律师、会计师、经济学家、大学教授、报刊编辑记者，各行各业无所不有。他们主要想了解我们是怎样吸收外资、引进技术的。顾宪成说，他们对于这些新的工作，也是心中无数，对于很多新的词汇，什么政治环境、基础设施、投资气候、可行性研究、外汇平衡、法律保障等也感到比较陌生。当时他们除了1979年7月公布的《中外合资经营企业法》外，其他方面的准备还很不充分，特别是在经济咨询方面，在我国还是一个空白。

而在CIEC成立伊始，荣毅仁就非常重视法律工作，特别是在中国国际经济咨询公司设立了法律部，"当时中信公司还没有成立集团的法律职能部门，法律业务都走的是CIEC的法律咨询部，在成立中信律师事务所之前，法律咨询部以为公司内部提供法律服务为主，更多的是给中信投资部门、财务部门、银行部提供项目法律咨询服务。中信公司的大项目，例如前面所述仪征、平朔露天煤矿、OTIS电梯，后来还有一些项目都是为中信公司提供法律服务。"张宏久回忆说。

经过初期不同行业的法律实务咨询，CIEC上下都意识到法律工作中继续补充、完善知识结构的重要性，随后CIEC还派人专门去美国伯克利大学短期学习法律，CIEC法律团队完成了多项在中国投资法律领域的重大项目，包括：为广东核电合营公司做常年法律顾问，为其投资的大亚湾核电站的核岛、常规岛、核反应堆和连接岛提供采购合同及与之有关的法律文件等法律顾问服务；多次为CITIC向海外发债、融资担任法律顾问，出具律师意见书；为中国银行在新加坡发行证券担任法律顾问，出具法律意见书；在中信实业银行为北京燕莎贷款提供担保中担任法律顾问，出具法律意见书；在国际银团向沙角B厂和C厂贷款中担任国际银团提供项目融资的中国律师；在山东省建立中外合作经营的山东中华发电有限公司的成立、融资、建设、营业提供中国法律服务；为珠海电厂提供项目融资的贷款银团的中国律师；在中信实业银行向国际商业信贷银行（BCCI）提出债权索偿和在美国的争讼、卢森堡、日本债权索赔中担任律师；在CITIC上海公司期货交易债务处理中担任法律顾问，出具法律意见书；在中国农业银行总价值100亿美元的备用信用证追索中作为司法部指定律师之一，成功地追回了绝大多数信用证；作为中国国际经济贸易仲裁委员会仲裁员之一，并已在30多个仲裁案子中担任指定仲裁员或第三方仲裁员。

今天，当企业走出去，到海外投资已经成为国策之时，扳指数来，CITIC仍是最前卫的，在20世纪80年代就已冲出国门，走向海外了。

1984年，中华人民共和国第一个海外投资代表团就是CIEC的。“我们中信非常牛气，我也可以列入第一个为海外投资做业务的律师了。”张宏久非常自豪地回顾。他说，中国改革开放后，经济建设需要资源，一定要到海外去寻找。当时，中国很多行业主管部门还没有这种意识，CITIC一直很前瞻，荣毅仁很早就提出在国际国内两个市场组织资源的理念。

随之，张宏久讲了一个小插曲，他说，1984年七八月份，他们到美国西部去看铜矿、银矿，然后又回到芝加哥包租了一架飞机，准备去一个地方看钾盐矿，他们代表团6个人刚上飞机，驾驶员就问他们，你们都是日本人吧？他们说他们是中国人，他非常惊讶，又问他们，中国人还能包租飞机？如果他要知道中国人是去找矿，要进行海外投资，更会不可思议了。后来他们又飞到加拿大去了。张宏久说，中国纸张很紧缺，纸张生产首先是要保证大中小学的教材供应，为什么纸张生产卡壳，主要是因为没有纸浆，中国的木材资源紧缺，木浆产量上不去，只能更多地用稻草生产草浆造纸。他们就到加拿大去设纸浆厂，将原料运回国内，由他们进行全套海外投资的法律咨询。

1985年，CIEC的法律咨询部转型，创办了中国第一家经司法部批准的律师事务所——中信律师事务所，业务范围包括投资、公司、商务贸易、国际金融、税务等领域，主要提供法律顾问服务、仲裁和诉讼。顾宪成是第一任主任。

对于法律部的发展，顾宪成退休后回忆说："CIEC 原设有法律咨询部，1985 年经司法部按部颁办法，批准改为独立执行法律事务的中信律师事务所，专门承办涉外经济法律事务，以配合我国吸收外资、引进技术的活动。公司领导要我主管事务所。于是我辞去了主管编辑出版和图书资料的职务，把精力集中于法律工作。事务所聘请了几位大学的法学教授、法学专家和新中国成立前我国著名的老律师当顾问，有多位做过法律工作数年的中年干部和大学法科毕业的本科生和硕士生作为基本骨干和新生力量，在公司领导的帮助下，大家同心协力共同把事务所的担子挑了起来。"顾宪成曾深情地说："回首往事，这 10 年是我最难忘的 10 年，也是最愉快的 10 年"。

中信律师事务所做了很多著名企业的金融法律业务，甚至成为主要业务。从 20 世纪 80 年代开始，CITIC 到海外多次发债，法律咨询部介入了金融业务，后来，中国成立联办（中国证监会的前身）。CITIC 是 14 个发起股东之一，成为联办的法律顾问。

中国批准的第一批有资格从事上市公司业务的律师有 16 人，其中有 8 人是中信律师事务所的律师。因而，当时 CITIC 承担了很多大型企业的股改及 IP 项目。在金融领域，CITIC 的法律咨询名气很大。

中信律师事务所业务涉及的范围很广，主要是金融（包括发行债券和组建合资企业方面。其次是大型水力、火力和核电站的工程招标、承包和设备购置、民航飞机租赁等。公司海外投资项目的法律工作也均由中信律师事务所承办。那些年，中信律师事务所已承办了 10 多起中方或外方违约的纠纷案件，并从中获得了不少知识和经验。

法律工作要求很严，容不得半点马虎，中信律师事务所的同志们都以实事求是的作风对待，从不以"无把握、想当然、自以为是"等态度来处理法律问题。每个律师手上经常有五六件未了的项目或案件，虽然有时繁忙不堪，但大家依然精神饱满，热情很高。那时中信律师事务所的业务名目繁多，内部按业务性质设置为融资法、公司法和诉讼仲裁 3 个部门，每个律师承办的工作并不是固定在一种业务性质的范围内，分配什么就干什么，所以获得的知识和经验较广。这样也可为客户提供更好的法律服务。

背靠大树好乘凉，对于中信律师事务所来说，这是一柄双刃剑。

1985 年，中信律师事务所开业典礼

李文杰曾经说过，律师是一个很保守的职业，很较劲的职业，而且也是风险很大的职业。总的来说，律师是在一个框架之内提供服务的。

律师的职责到底是什么？张宏久说，高端的律师在这里面发挥的作用是不可替代的，但是要谨慎，这个红线踩过去，就会有很大的问题，所以做事还是要非常谨慎的。CITIC 的很多项目都有法律咨询部参与，虽然律师事务所有很多辉煌的业绩，但是主导这些事情的其实不是律师事务所，它只是一个辅助，主导这些事情的是什么呢？是公司，是行业，是政策。如果这个行业是对的，符合政策，CITIC在做项目时，法律要做专业配合，准备合同，做项目的各种文件，沟通各方面事务，包括保护好各个股东的利益，不能存在什么疏漏，需要进行风险提示。

律师到底应如何正确发挥作用？张宏久说："中信公司可不是让你创造一些什么，是让你保驾护航别出事，整个中信的项目，要警惕是不是合规，要警示有什么问题没有。"他说，不管是CIEC与外资合作，或在中国投项目，还是到海外投资都要有这个意识。包括世界银行也是这样，他们为什么要有中国顾问，一个是技术顾问，一个是外经贸顾问，从法律上是不做和中国法律相冲突的事，以及与中国参加的国际条约是不能冲突的。

时光荏苒，1985年，司法部签发批文，批准CIEC法律咨询部更名为中信律师事务所。就这样，基于体制的原因，中信律师事务所成为人事上归CITIC所属，业务上归司法部管理，行业管理上归司法部直属的律师事务所。

张宏久回忆："作为CIEC的主要咨询部门之一，律师事务所也做了很多的事情。在成为律师事务所之前，法律咨询部是以为中信集团内部提供法律服务为主。当时我们提供的服务更多的是给信托、兴业、银行部，中信要对外搞合资企业，比如说OTIS电梯、中萃等。再比如，当时中信银行部有若干个处室，是以金融租赁的银行业务为主，我们给他们银行部业务提供的法律服务很多。总公司一些大型的活动、大项目，我们也参与一些评估。另外，由于中信公司的地位，我们也参加一些项目，就是在法律咨询部的时候，也已经开始提供一些法律咨询服务，这是一个过程，开始只是为内部服务的，后来法律咨询部逐渐开始接外面的一些事务。"

20世纪80年代，很多外资机构想在长安街沿街建立合资酒店，但必须按规定和国家旅游局或北京市旅游局合作，CIEC是北京市旅游局的常年法律顾问，京伦饭店、建国饭店、国际饭店、新侨饭店、燕京饭店等都是CIEC法律咨询部参与谈判建设的。当时酒店最大的难题是融资，CIEC法律部为这些酒店的融资提供了法律意见书等。

让张宏久自豪的是，想当年，“要是乘坐北京地铁一号线，你看到在地铁里做广告的企业，大部分都是中国国际经济咨询公司法律部的客户。”

法律咨询部越做越大，到了1985年，成立了独立的律师事务所，主要是承接外面的事务，同时也有一些是公司内部的事务，独立性的问题越来越凸显。

回顾那段历史，张宏久也不禁感叹，律师事务所是真正要独立的，“人家怎么能够相信一个国有公司的法律部，员工还在那儿领工资，还有工作证，还分房子，还有福利，还说你是独立的，当然我们当时也这么说，尽管我们分房子，尽管我们拿工资，尽管行政上我们是隶属于国有公司，但是我们用这个事情做判断的时候，凭良心说话，我们是独立的。其实的确也是这个样子。别看中信律师事务所非常辉煌，但是做事还是非常谨慎的。律师不出假东西！”

“我们以独立事务所的名义运作了15年，到2000年的时候，成立也是由司法部批的，关闭也是按照司法部当时要求律师事务所要和企业脱钩，要独立提供法律服务。那么最终给的期限是2000年。”张宏久说。

中信律师事务所只能与CITIC脱离！

计算机应用

“刘电脑”，这是CIEC的同事们给计算机部负责人刘惠民起的绰号。他可是CITIC第一台计算机安装的设计者和应用者。

CITIC对计算机的应用最早是从CIEC做项目可行性分析开始的。刘惠民是1981年底从七机部二院调入CIEC可行性研究部，他毕业于清华大学，刚进公司就参与到平朔煤矿项目，配合可行性报告进行数据计算。公司刚成立时，项目可行性分析中要做计算，使用的是计算器，全部靠手工进行，速度很慢，难以适应工作需要。因此，在1981年对平朔煤矿项目进行可行性分析时就开始使用Comodore 3032型8位微机。从此，揭开了计算机应用的序幕。

在新电脑前工作

后来，公司又陆续购进了一些微机，但主要用于中英文文字处理、造工资报表、项目分析计算等。尚未应用于公司的全面管理。看到公司管理运行与国际上的差距，公司领导提出："中信公司的经营管理要达到国际水平，一定要有自己的计算机管理信息系统。"由此，CIEC成立了计算机部门，为公司建立计算机管理信息系统而努力。

当时，CIEC有些人对计算机管理的重要性认识不足。他们说："买一台计算机，要占用不少资金，还有利息、设备的折旧、机房的租金等，每年花费约20万美元。用计算机代替手工作业，代价太高，得不偿失。" 20世纪60年代初，是美国在企业管理上推广计算机技术的最初阶段，他们也曾遇到这个问题，发现使用计算机后，费用不但没有减少，反而增加了。也曾有企业拒绝使用计算机，而主张恢复手工处理文件。但是，经过多年探索，美国人看到，计算机的效益要采用新管理方法而增加的总利润水平来衡量，并认识到新管理技术所具有的威力。我国已经滞后于先进国家的管理水平，是否要再建立计算机管理信息系统呢？刘惠民把这些想法向公司领导反映，公司领导十分支持。1986 年，徐世伟总经理亲自过问，建立中信计算机管理信息系统的工作终于开始进行了。

1986 年 8 月，引进的计算机设备运到北京，大家高兴极了。在公司领导带领下连夜将七八个一吨多重的机柜搬到机房就位，一直干到深夜两三点钟。第二天一早仍然按时上班。正在这时，发生了大厦高压热水管道阀门爆裂的意外。水从 22 层直奔机房，冲进了计算机机柜。大家的热情一下子就被冲跑了。在公司领导直接关心下，大家想办法采取各种补救措施，终于使计算机稳定地运转起来。建立计算机管理信息系统的初级阶段已经完成。有些子系统也开始在一些部门中正常运行。CIEC 为了推广计算机管理，建立了专门的组织机构，这对加强研究企业各部门可能出现的组织机构变化，从组织上给予了保证。

1986 年，CIEC 又安装了路透社 MONITOR 终端设备，通过这个渠道，及时获得了国际市场的经济信息。

计算机部

1988 年，CITIC 成立了信息中心，刘惠民和他的计算机部被并入信息中心，成立了计算机处。

窗口功能转型

经过不断发展和孵化，CIEC 向公司内外输送了大量骨干人才，成为 CITIC 的“黄埔军校”，同时，也成为公司的孵化器，发展成形的机构一个个独立出去，中信出版社、中信国际研究所、会计师事务所、律师事务所、中信信息中心计算机处纷纷从母体中孕育脱胎，走向新的发展大道，CIEC 也在转型过程中经历了二次创业。

CIEC 曾获取了无数业内桂冠，可列出数十个在咨询行业的第一。CIEC 有多少个第一，就反映了公司在 35 年历程中有多少次突破。然而这些辉煌的业绩，并不代表中国国际经济咨询公司，并不代表 CIEC 是行业的垄断者，CIEC 只是中国咨询行业开创阶段的领先者，是按照市场经济原则在国内外市场激烈竞争中的一员。

徐世伟接任总经理后，对 CIEC 的历史和现有优势进行了客观分析，他说，他曾经接待过很多国内外高层官员，他们对 CIEC 的评价都是比较好的。例如，朱镕基任上海市市长到北京见荣毅仁时，经叔平和徐世伟陪同见面，朱镕基对 CIEC 的工作表示非常认可，并请经叔平和徐世伟帮助他筹备上海市长顾问委员会，经叔平和徐世伟专程到上海去筹备，上海市长顾问委员会成立后，朱镕基又将经叔平聘为顾问。

随着业务的发展，CIEC 适当调整了其业务组织架构。例如将可行性部并入会计师事务所，由张克统一管理。为什么把可行性部并入会计师事务所？张克说，可行性部曾经是 CIEC 的一个主力部门，部门员工达到 30 人，而在当时可行性部已经开始在业务上走下坡路了，如果不整合，财务上将难以平衡。

可行性部为什么会衰落？这跟公司的战略有关，一方面是国家计委曾经给予那么大一个业务划分机遇，公司没有积极回应，另一方面是在能力建设和市场培育方面不能创新。部门的发展要跟上市场需求的变化，一个咨询机构应该具有综合能力，业务不能被约束在一个很窄的层面上，被固化在有限的范围内。可行性也需要研究上下链的业务，若眼睛只是向内，不向外，外部市场的开拓能力就会萎缩。当时会计师事务所的市场能力已经很强了，它在中信公司内部的业务仅占其业务总量的10%~20%，其他业务基本都是到市场上去开拓。

公司领导分析，人才结构上也需要及时调整。中国国际经济咨询公司与中国国际工程咨询公司的定位和优势是不同的，即使做可行性研究也是有差别的，他们是各大设计院、规划院的聚合联盟，更侧重技术分析。而CIEC则更侧重经济和财务分析，它的人才结构就要多样化，不仅要有理工科专业出身的人才，还一定要有经济、财务专业的人才。公司员工要具备宏观经济视角、财务观念、金融专业知识。基于上述分析，公司领导决定适时进行结构调整。

与西德意志银行的合作

“咨询公司在国外可不是一般人能搞得了的。”徐世伟说，世界上一些很有名的咨询公司人员并不多，但是很有特点。我们在前10年的发展中打下了很好的基础，但是不能固守不变，要在变化中求生存，还要想办法继续发展创新。他强调说，荣毅仁在创业期说的老话我们要回味，要在“夹缝中求生”，我们在市场变化中仍然面临着夹缝中求生的问题。

过去CITIC在夹缝中求生存，面对的是计划经济体制，现在面对的是什么问题？徐世伟认为，在咨询业各类咨询公司并起的时候，我们面对的是趋同化，但趋同化是没有竞争力的，因此必须有差异性。

过去，社会上一直认为CITIC是“怪胎”，是“异类”，为什么？社会所指的是CITIC的体制与传统计划经济体制存在差异，与西方资本主义制度下的市场经济体制也存在差异，CITIC并不是照抄照搬，简单将西方的体制模式搬过来，而是在发展中一点一点地探索中国适用的模式，在业务发展方面也是这样，把西方的工具品种移植到中国市场，在适应中国的土壤气候中进行创新，形成CITIC的优势。

那么，CIEC的优势在哪里？徐世伟认为，最主要的是人才优势。过去CITIC的优势是人才结构特点，一定要老中青结合，一定要跨行业，一定要国际国内。这也是CIEC人才结构的特点，荣毅仁在初期挑选人才时奠定了这个结构特点。单一的年龄结构，雷同的专业结构，没有国际视角和经验的人才结构，在竞争中是没有优势的。要跨年龄、跨专业、跨国界地去搭建人才队伍。“你要当智囊，就一定要比人家懂得多，而且要有前瞻性，而不是徒有一块牌子。”徐世伟说，这是他最深的体验。

一站式服务，是CIEC形成的优势，更是公司的基本特色。外商进入中国，他们的问题往往是综合性的，CIEC通过一站式服务对他们所关心的问题都能够协助解决，这是非常重要的服务能力。CIEC已经形成了一个基本的服务架构作为基础，背后还有CITIC各种功能协同，律师事务所和会计师事务所是CIEC的两翼，可行性研究、市场调查、情报信息、编辑出版都提供了特有的专业服务。这种全方位的配合就形成了一站式综合服务的特点，也是CIEC与其他咨询公司的差异。当时CIEC在业内最大的对标对象是国际工程咨询公司，它有强大的政府背景。但是它的主要优势在项目的可行性研究分析上，而且主要是国内咨询，在国际咨询，尤其在法律、财会、市场分析，甚至出版方面他们都未涉及，而作为一个智囊，架构应当是比较健全的。

经过多年建设，CIEC在国际国内享有盛名，而且有非常良好的信誉。咨询是一个高尚的职业，信誉对咨询公司来说就是生命。客观、独立、公正、清廉都体现出咨询职业的道德要求。看不起自己职业，或者不遵守职业道德的人是非常可怜的。徐世伟说，例如咨询公司与国家政府部门的关系很重要，但是我们要体现出专业性，咨询要恪守其所处的位置，不能太官方，否则与国家机关有什么区别。

窗口作用弱化了，背靠大树，第一家进入市场，这些都已经成为历史，CIEC需要有新的定位。提出差异化定位时，徐世伟说，这个差异化并不一定是很大的差异，而是要找准了一个差异，这是一个缝，但是这个缝将来有前途，我们就从这个缝开始，慢慢地扩大。

寻找差异化，是徐世伟总经理应对变化提出的应对策略，面对长远发展方向，他的指向很清晰。

从窗口功能转向智库。

第三部分 转折时代

内忧外患
寻求突围
另辟蹊径
助力奥运
中日合资咨询
工程咨询
全面开花
寻求新的生机

2000年以后，伴随着中国改革的深入发展，向现代企业转型的一部分国有企业和民营企业开始有了强烈的咨询需求，而且这种需求已不再局限于传统的咨询业务领域，尤其是很多企业面对要改制，要IPO的现实需求，它们在战略转型和公司治理上有着强烈需求。国家在加入WTO之后，已经全方位对外开放，CITIC的窗口功能和作用正在逐渐淡化。此时，中国国际经济咨询公司的业务已不能再是“穿针引线”和传统的咨询服务品种。麦肯锡、波士顿、罗兰贝格等国际著名的咨询集团蜂拥进入中国市场，中国大量的民营咨询公司也迅速崛起，形势不容乐观，中国国际经济咨询公司面临着严峻的市场分化和内部整合创新的挑战。

中国国际经济咨询公司记者招待会

内忧外患

1996年以前，CIEC可以说基本上处于发展的高峰期，循着创新的步伐，迎着改革的大潮，乘着对外开放的东风，在以荣毅仁和经叔平为首的老一代工商企业家“引领”下，一群走出“文革”的中青年们奉献、实干、忘我地投入工作，为我国咨询行业的发展打下了坚实的基础。然而世界在变化，事物在更替，优胜劣汰的商业竞争尤为突出。

1998年以前，CIEC 80%的客户是外国公司，如史克、朗文、贝尔、BP石油、通用等，几乎所有进入中国的大型跨国公司，都曾在当年与CIEC合作。那时，作为中国对外开放的窗口公司，CIEC被这些跨国公司列为首要合作伙伴，并没有遇到特别强的竞争。对于国内机构，CIEC同样没有在咨询业遇到强劲的对手。

那段时间，CIEC认为，能够有资格挑战他们的国内对手加起来大概只有两个。一个是晚于CIEC 3年成立的中国国际工程咨询公司，在工程咨询领域“势均力敌”，却又有些“无可奈何”的强大对手，毕竟它是出身体制内，而CIEC是计划经济时期拾遗补阙的产物。另一个就是到1993年前后，最早由中国国际经济咨询公司在国内率先开展的市场调查业务，也逐渐让位于国家统计局背景下的各类专业调查公司。

当时，CIEC收入来源主要分为三部分。最大的一部分来自中信会计师事务所和中信律师事务所，占CIEC收入的80%；第二部分来自一些合资企业，如中日合资的信野公司，以及世纪智能公司；第三部分来自朗讯科技常年投资顾问项目。这三部分收入约占CIEC总收入的90%。

1996年，经营环境骤变，CIEC突然跌入低谷。公司充斥着大兵压境的压力。

如果说外资咨询公司的“厉兵秣马”是外部竞争者，那么国家规范经营政策的推行，则是使 CIEC 遭遇巨大挑战和困境的本土竞争者。

随着中国对外开放政策的进一步深入，原来不允许外国咨询公司在中国兴办独资咨询公司的政策也放开了。由此，原本已经陆续到期的两家与 CIEC 合作的中日合资企业，将不再续约。公司遇到了新的挑战，此时，外资咨询公司开始进入中国，外资进入中国市场和当时国内咨询公司单打独斗不同，它们有着非常清晰的战略布局，开发中国市场时，他们采取的是以高端市场开发为主并逐步扩张的策略，这对中国国际经济咨询公司的冲击很大。市场开始分化，与国外跨国公司的投资咨询相关项目开始减少，它们纷纷转向与跨国咨询公司签约。CIEC 的市场竞争能力下降，“感到很难拿到项目了”，这是 CIEC 的人在那时的突出感觉。

“加入 WTO 以后，所有公司都进来了，它们都是大家伙。它会给你时间让你发展吗？”时任 CIEC 总经理的高筱苏说。

在中国市场上，跨国咨询公司具有明显的品牌优势，其规模、实力也是国内同行难以相比的，何况许多进入中国的跨国公司都是它们多年的老客户，当这些咨询公司进入中国的市场后，这些跨国公司立刻转身与它们合作签约，而且跨国咨询公司在争取国内客户时也进展惊人。更何况这些巨头的胃口并没有停留于此。

跨国咨询机构还适时调整适合为中国客户服务的市场策略，包括把中小企业和其他有潜力的客户群作为进一步开发的市场目标，既为政府、大公司、大集团服务，也为中小企业服务，业务开展的地域从沿海向西部地区扩张，其在华业务扩张呈加速的态势。而中国很多改制上市公司不惜花重金请国际品牌公司做咨询，认为这样更能得到上级机构的认可，也可摆平体制内的不同意见。

让我们来看一组数据：北京王府井百货集团花费500万元邀请麦肯锡做战略咨询和经营策划；沈阳和光集团花费1 000万元请安达信公司做企业的常年顾问；广东乐百氏公司花费1 200万元请麦肯锡公司做高级战略管理咨询；平安保险集团花费3 000万元请麦肯锡公司对其业务进行重组，重新确立主营方向，等等。

和这些动辄收取百万、千万的跨国国际咨询公司相比，CIEC虽为国内咨询业的翘楚，却也要直面“生死时速”了。

CIEC业务线遭遇了前所未有的挑战，全球化趋势下，中国的企业和市场还存在很多问题，但对于咨询的需求是很大的，当时市场普遍认为，国家从政策的角度，应该加强咨询公司或中国咨询行业的发展，但在中国加入WTO之后，政策的选择上开始向外资咨询公司开放。CIEC与野村证券、伊藤忠、普华永道的合资企业也走到了尽头。

回忆当时中信永道会计师事务所分家的情景，张克说，早在1994年年底，永道国际任命约翰·史达德（John Stuttard）为永道中国区执行董事。从此，中信永道就开始了一种新的运作方式。由于对中国市场的“控制欲”，双方渐生矛盾，直到1996年，合资外方史达德欲“削权”张克，一番争夺后，当张克从英国回来时，发现人力资源部、办公室、财务部都已经被夺权。张克怒了，便与史达德当面交涉。他回顾往事说，他记得他们两个人单独谈的时候，有一段对话仍记忆犹新，他问史达德为什么要这样，史达德回答，这个事情他已经考虑过并做了这样的决定。张克就回了他一句，但这个事情他还没有考虑过，他还没有做决定。意思就是你想了不行，我也得认可才能往下做。当时约翰·史达德脸色非常不好，这等于是与他的正面冲突。最后这个事情就没有进行下去，张克还是做总经理。

然而，裂痕已在。1999年国务院、财政部都正式下发了相关文件，要求会计师事务所与上级主管单位脱钩改制。此时中信会计师事务所的人都面临着一次严峻的选择：一边是高官厚禄，安安稳稳，全球第一大所；一边是遍布荆棘的道路，要客户没有客户，要资金没有资金，甚至连能否活下去都不知道。这是一个强烈的对比，对多数人来说，都会选前者，不仅“实惠”，还有许多“光环”。但张克毅然选择了后者，他更多的是一种干事业的心境和热情。

中信永道和其他事务所不同。其他事务所都有依托，有团队，有客户群，有架构，财务的状况良好。但中信永道因为是中外合资企业，要按照中外合资法进行清算。当然最核心的是普华永道并不希望成立新的合资事务所，让张克感怀的是，当时中信永道有 180 多名员工，尽管永道外方使出种种阻拦招数，但最后仍然有 1/3 的员工坚定地跟着他出来了。张克不无感慨：“最具戏剧性的是，我说我要走，肯定有员工会跟着我走。老外开始还说，我们是一个国际的知名品牌，意思是说你出去了什么都没有，连名字都没有，怎么会有人跟你走。最后决定由员工自己选择，我就明确我要走，谁愿意跟着我走，大家自己选。结果让外方没有想到的是，180 多人中居然有 90 多人要跟着我走，而我那时候什么都没有，没有客户，看不到明确的市场，也没有钱，仍然有那么多的员工愿意跟着我。后来老外一看这样不行了，又马上出了一个新招，这次他们就不跟我商量了，他们贴出一个告示，说现在重新选择，凡是两边都不选的人，会给一个高额的补偿。结果 1/3 的人选择了高额补偿，他们不惜花一笔钱来打击我们，因为他知道我们出去后可能会形成一个竞争力量。最后跟我出来了 60 个人，整整有 60 个人！而永道不惜自己损失一部分人，就是放走了两边都没选的那部分人，也要阻挠我出去建事务所。为什么？因为他们明白，这是在争夺中国的市场，争夺人才。这些员工呢，应该说他们真的是很不错的，因为进入永道那边是很稳定的，又是高薪，又是国际品牌，衣食无忧，最好的业务，什么都不用愁，而中方是四野茫茫什么都没有，所以这是很不容易的。60 个员工跟着我出来，就成了我们信永中和当时的一个基本班底。”

其实外方并不傻，国际会计公司都认识到张克是一个“难得的多能人才”，张克赢得了对手的尊重，赢得了人格的尊严。实际上永道国际是不愿意张克离开的，就连史达德也找张克谈过，再三表示挽留。张克说：“我如果去了，那就不是为我的国家在工作了，再大的成就也是普华永道的。”

1999 年，对于中国的注册会计师行业而言，是一个比较重要的改革时刻。同年 4 月，财政部印发了《会计师（审计）事务所脱钩改制实施意见》的通知，要求各类会计师、审计师事务所一律与所挂靠的部门脱钩，并且定下了严格的时间表：所有的事务所必须于 1999 年 6 月 30 日前提出脱钩改制方案；1999 年 12 月 31 日前必须完成脱钩改制工作，逾期未完成脱钩或改制不符合规定的一律予以注销。

1981~2001 年，中国国际经济咨询公司成立 20 周年

一时间，业内将脱钩改制和《注册会计师条例》的颁布相提并论，《注

册会计师条例》出来以后，可以说给从业者提供了一个方向的引导，但是并没有改变吃皇粮的意识和概念，因为依然是由这些厅局设立事务所，大部分人员也是从这些地方来的，这种状况应该说到1990年以后才有所好转，但是彻底改变是在1999年脱钩改制，彻底地跟政府断开了。这是一个里程碑式的事件。

中国国际经济咨询公司成立20周年部分员工合影

与中信会计师事务所如出一辙的是中信律师事务所。

1998年，更加严峻的形势出现了，中信会计师事务所最先从“母体”剥离，随后中信律师事务所脱离“母体”，接连瘦身使公司顿感艰难。

“这20年我们吸收了各方面的人才，从开始没有部门到后来有了部门，再后来成立分公司，成立中信律师事务所、中信会计师事务所。但我们搞了20年，只搞到这样一个规模。”2001年，中国国际经济咨询公司成立20周年，经叔平接受媒体采访时如是感言，对于一直梦想做兰德那样全球性公司的中国国际经济咨询公司而言，20年后，经叔平的话语里，显然有一种遗憾。“安达信公司有3 000人，科尔尼的全球合伙人也有3 000人，别人已经发展100

多年了，我们才20年，还是一个婴儿。”CITIC的梦想很大，CIEC当时选择的“比肩”对象也都是百年老店，可见它们进入中国市场的雄心也着实不小。

此时此刻，规范监管的利刃又刺入了CIEC，这是在一个最为敏感的时刻做出的政策规定，让中国国际经济咨询公司措手不及。

CIEC下属的5个专业事务所，包括1个律师事务所、2个会计师事务所、1个专利所、1个知识产权所，因国家对中介服务业在规范管理要求下采取了改制制度，在保证客观公正的前提下，财政部和司法部要求中信会计师事务所和中信律师事务所都必须脱离其上级主管单位，保证其独立经营，并改制为合伙人制。与此同时，CIEC的项目可行性分析业务，因国家计委关于“3 000万以上的投资项目必须由中国国际工程咨询公司进行项目可行性分析”的新规定而萎缩，尽管这个政策的出台事出有因，但对于CIEC而言，却是无可奈何；市场调查业务，随着国内民营资本的涌入，咨询行业内部良莠不齐、鱼龙混杂，职业素质参差不一，一些民营咨询公司刻意压低价格，降低服务，想尽各种办法获取市场调研业务，争取市场份额，让恪守行业准则的中国国际经济咨询公司的市场调研业务受到巨大冲击；公关和商务服务更是由于各种资质限制的放开，难以为继；随着国家放开对国内成立外资独资咨询公司的限制，全球各类大牌专业咨询机构进入中国，他们在市场上攻城略地，立时让中国同业者感到很难拿到项目，国外咨询公司的合资、合作意愿在降低。CIEC整体规模因此大幅缩减。

高筱苏坦言：“规模上一下子缩小了。现在五大会计师事务所已经从原来的财务审计延伸到咨询，CIEC真切体验到‘狼来了’、四面受敌的滋味。很多外资机构甚至在收购律师事务所，而我们今天是在走相反的路，要把它们都剥离了。”国家的政策并没有在中国加入WTO的敏感之际带给中国国际经济咨询公司任何“好处”。但经叔平当时却认为，从客观上看，进入WTO以后，直面全球化趋势，中国的企业和市场还存在很多问题，还会需要更多的咨询公司。在改革开放经历了初期的艰难后，面对经济高速发展，全球化、一体化的浪潮，无论是外国企业走入中国，还是中国企业走出去，抑或是中国企业所面临的跨越式发展，都需要咨询行业的大力支持。经叔平认为：“我们有责任创造和培育一个可以发展为世界一流的中国咨询产业的环境和框架的大好机会。”

中信律师事务所上海办事处新址开张典礼

事实上，进入新世纪前，许多实力雄厚、水平较高的咨询机构还没有真正改革为市场机制，它们还多是隶属政府部门，主要是为政府部门决策进行研究及提供咨询服务。尽管这也是一种服务，但不是市场行为，而是体系内的一种行政安排。这些机构还没有成为严格意义上的市场咨询机构。此外，高校、社科院和中科院系统的咨询机构，也是一些颇有实力的机构，它们中的一些正在成为我国咨询市场的主要咨询机构，为推动我国咨询市场的形成、发展做出了重要的贡献。所属政府部门的咨询机构，在政府机构改革的过程中，调整了业务和隶属关系，推动其走入市场。

在一个高速发展的时代，市场在变化，竞争环境在变化，政策规则在变化，但是CIEC的发展理念却没能跟上社会发展的步伐，在这种内外交困的情况下，出现了人员流失、信心不足、业务萎靡的状况，以及缺乏聚集人才的好的制度，这些都成了CIEC不可回避的问题。CIEC的体制也存在着缺乏创新、缺乏激励、缺乏有效管理的弊端，问题不断凸显，加之创新乏力，阻碍了它的发展。

1999年前后，社会上关于“国有独资咨询公司必死无疑”的议论甚嚣尘上，一家杂志社甚至把中国国际经济咨询公司称为“最后的贵族公司”，来预言它即将消亡。一时间，这种舆论在社会上流传开来。有杂志记者带着社会上流传的这种议论，以及“中国国际经济咨询公司逃不过必然灭亡的命运”的定论对高筱苏进行了采访。高筱苏如是回答：“中国国际经济咨询公司是国有独资公司，不错，但我们并不‘僵化’，我们是新型的国有独资公司。我们的公司运营、内部管理是完全市场化的。我们不断地研究市场动向，不断地进行自身变革，不断推出适应市场需求的新产品和新服务。”

不断变革，不断进取，这就是中国国际经济咨询公司的生存之道，用一个字来归纳的话，那就是“变”，我们是不会死的！

寻求突围

寻找新的增长点，此刻成为CIEC思考的焦点。

2000年，经叔平不再担任CIEC董事长。新任董事长是荣毅仁原来的秘书、时任总经理姚进荣，他在公司大会小会上一再强调，一定要大力开拓新的领域，开发新的产品。

1997年5月，高筱苏调到CIEC，她以前在国家科协研究中心工作，从未参与过经营工作，而CIEC的转型迫在眉睫，进入一个新的领域就面对这样的现状，她的压力自不言说。

时任CIEC副总经理的高筱苏遇到在科协工作时的同事，这位同事刚调到国家经贸委技术进步与装备司工作。当时国家经贸委正在进行5家企业试点工作，即联想、青岛海尔、长虹集团、江南造船厂和吉化5家企业，他们在青岛参加经贸委召开的试点企业会议，邀请高筱苏一起参加会议。

当时，经贸委正在规划如何将中国企业做大做强，帮助企业设立长期的战略目标，让更多的中国企业进入世界500强。那时很多企业刚从计划体制下转轨，并未完成向现代企业的转制，还没有对市场机制进行深入研究，也没有规范制定战略的概念。高筱苏曾经参与过世界银行的项目，又参与过战略研究工作，她知道要实行决策科学化、民主化，企业就要规范地制定长期发展战略，就要有技术、有方法。她敏感地意识到这是一个机会，CIEC可以进入企业的战略咨询市场。

会议刚一结束，经贸委就开始研究企业试点问题。高筱苏当即提出中国国际经济咨询公司有意愿与经贸委试点企业合作，经贸委认为若有CIEC参与，将有利于企业试点工作顺利开展，随即就在这5家企业中寻找合作者，在经贸委的帮助下，说通了海尔公司张瑞敏总经理与CIEC的合作。

1998年2月，国家经贸委与国资委领导共同批准了此项目。在这个项目中，国家经贸委出资150万元，当时那是很大的一笔钱，所以政府审批程序很复杂，但拿下这个项目，实属不易。

企业战略和管理咨询业务应该是可以期待的新增长点，毕竟CIEC是第一家为中国企业做战略咨询的国内咨询公司。

显然，本土公司在管理咨询领域具有一定的竞争优势，国外管理咨询公司虽然在品牌、经验、数据、管理理论、管理工具等方面具有绝对优势，但在中国，一些全球知名的咨询公司在和中方企业交往中，已经出现客户满意度不高的情况，原因是其并未充分了解中国企业的特点及其生存的市场环境和中国企业的文化背景，他们开出的药方难以治中国企业的病，这些洋药方的“本土化不足”导致其方案的有效性降低。

此时，经过各方的“牵线”，海尔集团总裁张瑞敏来到CIEC，商议海尔集团发展战略项目。

海尔集团创建于1984年，1997年海尔正面临着一个重要的节点：已经是全球大型家电第一品牌的海尔集团如何迈入新的发展阶段，进入世界500强?罗马不是一天建成的，创业至今，海尔集团经过了名牌战略发展阶段、多元化战略发展阶段、国际化战略发展阶段、全球化品牌战略发展阶段4个阶段。2012年12月，海尔集团提出要进入第五个发展阶段——网络化战略阶段。

可以说，创业30多年来，海尔致力于成为“时代的企业”，它在每个阶段的战略主题都是随着时代变化而不断变化的。海尔走入今天的战略发展第五阶段这个重要的“节点”，机缘巧合中，海尔和中国国际经济咨询公司走到了一起。

“国家经贸委打电话通知，第二天海尔集团的张瑞敏总裁要到CIEC谈海尔集团发展战略项目。这是我第一次见到张瑞敏总裁。他在谈话中透出一股北方人的豪爽，不由自主微皱的眉头使人感觉到他的责任和压力。”高筱苏回忆。当时，彼此介绍了双方的情况，CIEC介绍了公司的历史、对企业战略的理解和对咨询项目的设想。张瑞敏则谈到了海尔第五发展战略阶段的设想和希望通过咨询解决问题。经贸委技术进步与装备司也提出了他们的希望：通过这个咨询项目真正起到示范作用，带动其他企业认真研究、科学制定发展战略。CIEC高筱苏与张瑞敏初次见面，双方都很有诚意。这样的讨论后来又陆续进行了几次，最后确定了合作目标和项目的范围。

项目批下来了，可是CIEC没做过这类项目，心里完全没有底。怎么办？CIEC虽然身经百战，但这次与以前做的项目完全不一样，做管理战略咨询还是第一次。从不会到会的过程要找老师，公司决定联手国外咨询公司一起做，找最好的国际合作伙伴，要有谈判技巧。经过分析，CIEC确定采用联手国际上最好的管理战略公司的策略，并立即分别与国际著名的波士顿顾问集团和罗兰贝格等公司谈判。

为海尔集团做“海尔集团进入世界500强战略”咨询报告

咨询总有技术诀窍（know–how）的，但谁会把他们的饭碗给你呢？海尔集团发展战略项目对国外咨询公司有极大的吸引力，但他们并不愿意将自己的技术诀窍教授给中国的咨询公司，因此谈判进行得很艰苦。CIEC 手里已经有了尚方宝剑，有了筹码，于是问国外公司，你们想不想进入中国市场？你们想不想接触中国最好的企业？你们在中国还没有拿到过这样的项目吧？用这些筹码去跟国际上的一些咨询公司谈判。麦肯锡当然是最强的，为什么不选择跟最强的公司打交道呢？最强势的公司是不肯在条件上让步的。最后，CIEC 选择了两家公司，一家是波士顿咨询公司（BCG），它在战略咨询方面一直排在国际前五位，是非常强的；还有一家就是罗兰贝格，它在东西德合并时，参与了东德一些国有企业的转型改制，并把它们转换成适应市场经济制度的企业，是一家有实际操作经验的德国公司。CIEC 在选择合作伙伴时，目的非常明确。最后，波士顿咨询公司与 CIEC 签署了协议，派出 6 名专家与 CIEC 组成混合工作小组。

“从需求出发”，是 CIEC 的成功经验。对于做管理咨询和海尔这么大规模的项目，CIEC 其实很忐忑，但迎难而上是 CIEC 的宝贵品质。在做项目准备时，CIEC 团队首先走访发改委、国家科委等主管大型企业的政府部门，CIEC 多次召开各种专题会议、联席会议、研讨会议，专门向国家部委“取经”，如何培育大型企业，如何支持中国国内的大型企业走出去，打算推行哪些在行业中产生巨大影响的政策等，详尽了解政府的战略意图。结合中国行业和企业现实情况来做咨询，仅此一点，中国国际经济咨询公司就在起点上超过了外资咨询公司。

“持续学习”，也是 CIEC 在海尔项目上成就的一个关键，这里还包括向同行专业者学习。下一步，如何与国外咨询公司合作？这样大的项目必须要组织协同双方团队。高筱苏说，我们说的底线是你必须要带我们的人。人家也很聪明，他们说，我们当然要与你们合作，但是他们坚持划块分工，比如说，他们分工做国际研究，让 CIEC 做国内研究；他们分工做人力资源，CIEC 做组织结构研究。这样分工后，第一，我们很难学到东西；第二，他们要对客户摸底、夺走客户。CIEC 不可能没有合作底线，任由他们划分。因此，CIEC 在谈判中表示，必须把两个公司参加合作的人员全部混合起来，每一个模块、每一个小组里面必须由双方各出一半人。这是外方公司要遵守的条件，否则就不能进入这个项目。波士顿咨询公司由于太想进入中国市场，谈判了很长时间，最后他们终于做出让步，同意组成联合小组，由双方各出 10 个人。CIEC 当初坚持的这个条件，对 CIEC 以后的发展产生了非常重要的影响。

这种方式，不仅产生了 CIEC 与国际品牌合作的效应，使项目的质量得到了保障，最重要的是把本领学会了。“在合作中，他们不得不把方法给我们看，我们从中学到很多东西。”当时参加项目的周宁回忆说。

在咨询第一阶段，CIEC 和 BCG 一起进入项目，项目小组的成员说：“最开始的访谈问卷设计，所有的模块划分，怎么设计每个报告的分析框架，怎样进行假设，怎样识别关键的影响因素等，怎么去开展小组讨论，我们一步一步跟 BCG 咨询成员学习，这个是最有价值的，我们确实非常感谢 BCG，虽然他们也是被我们逼得没办法了。”CIEC 虚心学习，并为海尔项目做了充分的准备工作，在海尔项目上遇到不懂、不会和不明白的地方，就像当年的创业前辈一样，去图书馆和档案馆，去找老专家，集思广益、结合实际去思考。

当时，海尔已经是中国企业的典范，而 CIEC 还能做什么呢？简单说，就是为企业把脉、诊断、找毛病、开药方，使其强身健体。找到企业存在的问题，才能研究如何增强其竞争能力。对海尔来说，此时到底能不能通过他们进入世界 500 强的战略发展方案，要有分析，而且这个分析要呈给国家经贸委和国资委审阅。因为海尔是试点企业，国资委很关注，也很谨慎。海尔公司总裁张瑞敏也很紧张。海尔最关心的是需要通过什么样的改造方案，到底多少年后，他们才能进入世界500强。可是，做战略咨询一定要找到企业内部的“毛病”，这样才能做出有针对性的方案。所以，在第一阶段的咨询中，CIEC团队最大的工作就是熟悉情况，找出问题，对CIEC方面来讲，诊断不仅是认知客户的成绩和优势，同时也要找出它的不足和劣势。

CIEC项目组全体人员，尤其是周宁、陈志捷、崔岳冬等，一边向外国专家请教，一边发扬团队精神，刻苦钻研，最后他们终于交出高质量的答卷。

中期汇报是一个非常关键的会议，在会上，CIEC要把海尔存在的问题提出来，并进行分析。这是做企业战略咨询必不可少的一步，这样才能改进企业的组织结构、管理人才结构、财务、融资等问题，根据企业的能力来制定其战略发展方案、远期目标，这些都决定着这个企业到底能不能进入世界500强。

海尔是一个非常好的企业，张瑞敏也是一个非常优秀的企业家。但在这个会上居然有人指指点点，还一二三四列出很多问题来，而且有的问题还相当严重。比如有人说，海尔的财务指标不如他们的竞争对手，那时海尔的规模扩展很快，这么高的发展速度必然隐含着风险。海尔的员工非常热爱他们的企业，容不得外人这样指指点点的批评，海尔的中高层干部也参加了这次会议。这场中期会议吵得非常厉害，简直就开不下去了。

BCG吃不消了，他们不能理解，这是企业咨询中的必要程序，不找出企业实际问题，不放在桌面上公开讨论，怎么能准确把脉、开药方呢？所以第二阶段，他们就退出了。第一阶段与BCG的合作，使CIEC渡过了难关，得以成长。第二阶段是运用世界银行多层情景分析法的规范分析框架，这次CIEC可以独立完成，最后，CIEC为海尔进入世界500强设计的变革方案被海尔认可了。

项目完成后，国家经贸委与其他试点企业的老总一起听取了CIEC的汇报，这个汇报得到了一致的高度评价。当时国家经贸委企改司司长，后来任国务院国资委副主任，现任全国人大财经委副主任的邵宁一直在关注和推动海尔这个试点企业，他连续组织了4场全国性的报告会，并把试点企业扩展到全国120家企业集团。邵宁认为，国家正从计划经济进入市场经济的转型期，大型企业要制定长远的战略规划，要进行自身改造，必须以科学规范的方法制定战略，而不是仅仅在企业内部编制一个年度报告。后来，国资委主任李荣融正式把海尔咨询项目试点在全国企业中推广开来。

中国国际经济咨询公司管理咨询团队

此时，CIEC的业务发展与国家的宏观调整、政策同步，并且得到了政府的支持，产生的释放效应也是始料不及的。几十家国有企业相继找上门来了，也有一些优秀的民营企业，除了找CIEC做战略咨询，还做一些上市前的股份制改制等咨询。

在国家经贸委工作会议上，CIEC作为唯一的嘉宾，分期分批地对各地区经贸委以及由集团副总以上带队的企业高管进行培训，对国家经贸委、海关总署、税务总局等联合认定的120家试点企业集团高管，进行了“企业发展战略的制定和案例分析”专题培训，配合试点企业向市场化转型。

有了海尔集团项目的积淀，CIEC就像打开了一个新的魔法盒。

从海尔开始，CIEC陆续为中国机械进出口集团、科龙电气集团、上海梅林、红豆集团、小天鹅、中石油、中海油、中国交通建设集团、中国人寿、中国人保等许多国内优秀知名企业提供了战略和管理咨询。同时也承担了大量的探索拓展业务。曾任 CIEC 副总经理的崔冠杰说，CIEC 还承接了中标北京市政府“十一五”规划咨询项目，以及地方政府的战略咨询项目，巩固了 CIEC 的领导地位。

“白马闹京城”可谓名噪一时，白马集团是国内知名的纺织企业，但是在 1997 年前后，因为政策和市场的诸多原因而陷入发展的瓶颈，公司新上任的领导为了寻求发展，于是想到了咨询。“白马项目是以 110 万签约了管理咨询合同，在 1997 年，这个金额是不小的。另外，白马集团在找咨询单位的时候，可以说把北京的所有咨询公司都给找了一遍，最后选择了中信的咨询公司。”高静波回忆说。

知易行难，纺织行业和 CIEC 以前接触过的行业大相径庭，CIEC 在白马项目上充分利用多年积累的专家、学者等人脉，专门调研、汇集各路专家的意见，用商业思维分析判断，做出了让白马集团满意的咨询方案。

王苏星、徐光磊、张巨峰等人都是做管理咨询项目的骨干，他们为各企业做的咨询报告都被列为范本。这种传统和评价一直延续到现在，为信托产品做评价，做可行性研究、尽职调查，他们拿出的报告都被认为是一流的。

加入 WTO 之后，国际竞争进入家门口，客观来讲，当“狼”真的闯入家门之后，大多数本土管理咨询公司在与国外管理咨询公司的竞争中，暂时处于相对劣势地位。国外咨询公司不仅有多年的积淀，丰富的项目实践经验，它们还有从国际上聘请的各类高端专业人才，这些都是核心竞争能力。进入中国后，国外咨询公司不断实行本土化策略，用丰厚的薪酬和灵活的市场激励条件，不断从中国咨询公司猎取专业人才，本土管理咨询公司的竞争优势被弱化，CIEC 也不例外，虽然开拓了战略咨询领域，但更残酷的竞争还在后面。

另辟蹊径

承接世界银行项目合同签订仪式

CIEC 需要另辟蹊径，寻求第二个机会，开发第二个产品。高筱苏再度到国家技术进步与装备司进行交流。此时，经贸委提出企业要有自己的自主知识产权，要搞创新，所以要求大型国有企业和优秀民营企业要设立技术创新中心。但是国家要给他们优惠政策，鼓励他们创新。那时技术中心的成立需要国家批准，明确要求成立必须要有企业的战略目标、组织结构、人才政策和整体设计。2000 年前后，国家经贸委要求完成“中国石油集团技术中心战略，组织结构和流程管理”等系列试点项目。这样的计划安排，意味着 CIEC 的机会又来了。

有 CITIC 和中国国际经济咨询公司的信誉和品牌，又有为国家经贸委进行国企战略咨询的光荣履历，国家经贸委很痛快地将第一批咨询项目给了

CIEC，而这次的试点企业是中石油。CIEC 要帮助他们设计国家级技术中心的战略目标，设计整个组织结构、人力资源战略等。

大项目找中国国际经济咨询公司的传统被“传承”下来，中石油、中海油的项目成为这一时期的“重头戏”。

在承接中石油集团公司项目之后，CIEC 又陆续做了中石油多家子公司的项目，每家子公司其实都很大，包括大庆、吉化等集团公司。

到 2006 年，各地技术中心建立后，根据中石油战略发展规划，需要完善总部层面的科技创新体系以及科研体系的全球化布局。当 CIEC 企业战略咨询做得风生水起时，外部咨询市场却发生了变化，很多中小咨询公司为了抢项目，把咨询价格成本往下拉。高筱苏在谈到这个问题时说，高端市场就是为高端公司提供高质量的咨询服务。中低端的市场价格和这些中小咨询公司搅乱市场价格的行为，把 CIEC 拉下了马，CIEC 的报价不被接受。而且我们的项目经理又被市场上其他公司相继高薪聘走，再也无法组成有规模的团队。

1998 年，中石油进行国企改制，把中石油分成两部分：油公司和服务公司，油公司就是油田，中石油改制后，其中的油公司上市了，服务公司是未上市公司。在这个过程中，中石油把整个科技体系也分成了两部分，上市剥离的部分有科研院所，这样就将原来的体系打乱了，由此中石油各地区的科技组织体系不再统一。

业务发展，离不开科技发展；科技发展，离不开高效的科技创新体系，这就需要整个科技创新体系再造，重新设计整合科研架构。在这个大的背景下，从 2001 年起，以筹建中国石油天然气集团公司技术中心为契机，CIEC 将为中石油的科技创新体系重构提供咨询服务，帮助中石油地区公司筹建技术分中心。国家经贸委提出要做好企业技术中心的建设。中石油也被国家经贸委授予为国家级技术中心。由此，中石油从大庆油田开始进行技术中心整合，将原来改制上市时分成两大部分系统的科研院所，提升到集团层面，下面设定若干分中心。

为中石油集团做技术创新战略研究

CIEC 参与这个项目的是张巨峰，毕业于人民大学，在上学期间就与他的导师参与华为、中国电信等公司的战略管理咨询。他在参与这个项目期间，几乎跑遍了所有油田，帮助中石油制定技术中心的构建方案，为中石油 84 个油田分批做方案。张巨峰通过不断摸索经验，形成工作方案，再推广到各单位，将每个油田技术中心建立起来，最后形成“一个整体、两个层面”的架构。“一个整体”，即企业的科研整体，总部层面在技术中心构成 7 个研究院所，84 个油田都有研究院。“两个层面”，即一个是总部层面，一个是海外技术中心层面，成立了休斯敦中心与钻井研究院。休斯敦集中了全球石油大亨，在这里建一个海外技术中心，作为中石油一个新的技术基地。当时中石油总部没有钻井的研究院所，所以在这里建立一个中石油钻井工程技术研究院，也符合中石油研发走出去的战略。在海外建立大的中心，要抓好两个市场、两种资源。两个市场是海内外各 50% 的市场，两种资源是国内国外各 50% 的资源，包括在哈萨克斯坦、伊拉克、苏丹，很多地方都有油田，而国际上油田开发是采取份额制的，由合作开发双方议定条件，中石油利用国外石油资源，组建施工队伍去开发油田，石油开采出来后，国外以原油产品抵开发建设费用。建海外技术中心作为中石油科技与系统的构建，张巨峰等人也参与做方案，包括选择国家、地点和科研中心的定位。

2001 年，从大庆油田开始，直到 2010 年钻井研究院的建制，CIEC 为中石油进行了长达 10 年的咨询服务，直至现在，张巨峰仍然在做科研人员的科研建制方案。很多咨询项目是短期效应，而此项目是 CIEC 管理咨询项目中服务期最长的，长达 15 年。CIEC 为中石油这样一个大型国企做长期咨询顾问，取得了很好的实践效果。2008 年，技术中心的咨询结束之后，张巨峰等又参与了中石油“十一五”规划、“十二五”规划部分内容的制定。第一批试点单位是大庆石油管理局和吉林石化，CIEC 主要研究人员是周宁、裴晓东、徐光磊、钟山、陈自力等；第二批试点是大港油田管理局、兰州化学工业公司、中石油工程技术研究院 3 家，从第二批试点开始，主要咨询人员就是徐光磊和张巨峰，实施的方式是为客户编写方案，咨询辅导；第三批则是中石油全面推开各技术分中心的建设，CIEC 先后为兰炼、辽河油田管理局、新疆油田管理局、抚顺石化、管道局、华北油田管理局、锦州石化、辽阳石化、四川油田、吐哈油田指挥部、大庆石化等企业的技术中心建设方案提供咨询、辅导服务。

“从 2008 年开始，作为主要咨询人员，每年我们都要为中石油科技机制改革提供咨询服务。至今为止，我们先后为他们的知识产权战略研究、直属院所改革方案研究、科技体制改革方案研究、科技人员激励方案研究、设立风险投资基金等研究提供了方案设计和咨询服务。”张巨峰说。

这些咨询都为 CIEC 拓宽新路打下了技术和咨询服务的基础，积累了专业经验。

助力奥运

在重拳出击市场的同时，中国国际经济咨询公司在其传统的大型项目上的优势并未消退。

2008年北京奥运会是中国人的骄傲，作为主体育场的鸟巢体育场，见证了北京奥运会的经典和传奇，鸟巢作为建筑史上的一个经典是不可复制、独一无二的。而大家不知道的是，中国国际经济咨询公司为鸟巢建设所做出的贡献。

当时，中信建设组成了一个投标联合体，参与投标鸟巢工程，但是对于投标的财务问题，中信建设觉得没把握，于是请来中国国际经济咨询公司。在中国国际经济咨询公司和中信建设投标联合体的共同努力下，国家体育场（鸟巢）成为我国第一个采用PPP模式进行建设的大型体育场项目。

“2003年，投标鸟巢的关键期正好赶上非典时期，却总能在国际大厦看到一个大的会议间坐满一屋子人。”时任CIEC总经济师的罗学富回眸他主持的这个项目时，依旧感叹。

从2002年8月至2003年7月，北京市政府以建设—经营—转让模式（BOT）进行鸟巢项目建设、运营的项目法人招标。CITIC联合北京城建集团、美国金州控股集团组成中信投标联合体，参加了项目投标。经过两轮投标及多次谈判，中信联合体最终中标，分别与北京市人民政府、北京奥组委、北京市国有资产经营管理有限责任公司签署了《特许权协议》、《国家体育场协议》和《合作经营合同》，与北京市国有资产经营管理有限公司共同组建了项目公司——国家体育场有限责任公司。

按照《特许权协议》，中信联合体通过国家体育场有限责任公司拥有“鸟巢”30年的特许经营权，在30年的特许经营期内，“鸟巢”如果有盈利，政府将不参与分红；如果出现亏损，政府也不补贴；30 年特许经营期满后，中信联合体要保证把一个设施完好、能够举办国际A级赛事的体育场移交给政府。

按照CIEC的分析，中信投标联合体作为“鸟巢”PPP（政府和社会资本合作）项目的意向投资方，将对“鸟巢”项目做财务评价，其目的是从财务的角度分析该项目的盈利状况。此分析所建立的财务模型，也是为投标之后与政府方的进一步谈判活动奠定基础。

PPP 项目合作协议最终达成之前，合作各方往往会经历较长时间的“讨价还价”式谈判，谈判各方对合作协议中“责、权、利”的诉求，都是以计算方法选择、计算参数设定等方式在财务评价模型中体现。因此，聪明的谈判者都很重视投资项目的财务评价模型，通过对财务评价模型中相关参数的调整试算，可以明确未来自己的谈判底线。

中国国际经济咨询公司参加鸟巢项目招标咨询

尽管“鸟巢”项目是 PPP 项目，但在投标阶段的财务分析，仍是按常规建设项目的财务分析方法进行的。通过计算，该项目建设期从 2004 年到 2006

年达3年之久，从2007年起有两年试运营期。在试运营期的第二年，也就是2008年第三季度，“鸟巢”将交国际奥委会举办奥运会。从2009年起，中信联合体将拥有“鸟巢”30年的特许经营权。因此，项目的计算期取为35年，即从项目开始建设起至特许经营期结束止。抛开复杂的财务模型和计算，“鸟巢”项目最大的特点就是总投资额很大，因此，在特许经营期内，通过计提折旧而沉积在企业内的现金数额也很大。

按照CIEC的财务分析，到2016年，企业的累积盈余资金已超过1亿元，在2024年时接近11亿元。在经营期结束时，累积盈余资金超过26亿元。特许经营期结束时，才按税后现金收益计入投标方的现金流入。如果在PPP项目的谈判中，投标方能保证企业在正常经营的条件下，获得可动用闲置的富余资金进行其他操作的权利，那么就可以大大提高企业的投资收益水平。

尽管当时PPP尚不为国人所熟知，但与常规的投资项目相比，PPP项目具有三个特点：1. 在特许经营期内，政府方股东一般不参与PPP项目公司的经营，社会资本方股东可通过PPP项目合同的相关规定，拥有对项目公司经营成果的实际支配权（包括对除实分利润之外的净现金流）；2. PPP项目多数为投资额较大的基础设施建设类项目，随着经营时间增加，通过折旧等方式沉积在项目公司中的净现金流会大大增加；3. PPP项目绝大多数为自身收益性很差的项目，如果没有政府各种形式的补贴，一般难以达到社会资本方所期望的投资收益率。因此，对社会资本方投资收益率的正确计算，是PPP项目财务评价的重要内容。如果采用的计算模型与计算方法不能正确反映社会投资人实际可获得的投资收益率，则要么会高估政府方的财政支付责任，要么会导致社会资本方放弃对PPP项目的投资。

在中国国际经济咨询公司精心的测算下，中信投标联合体顺利中标，并为后来的发展奠定了基础。

中日合资咨询

与日本野村证券合资成立信野国际经济咨询有限公司合同签字仪式

当外资咨询公司可以进入中国成立合资咨询机构时，野村证券于 1986 年进入了中国。CITIC 的老朋友——野村证券，与中国国际经济咨询公司也有着深入的合作。野村证券株式会社是日本位列第一的证券公司，也是世界著名的金融机构，旗下包括野村证券、野村基金管理、野村综合研究所、野村不动产、野村中国投资等。改革开放之初，野村就与 CIEC 合作，先后进行了 14 个沿海城市的投资环境调查，CIEC 每年派一个人到野村研修一年，汪文良、王磊等都被派到日本研修过。

1982 年 5 月，野村在北京设立事务所，率全球同业之先。1986 年 10 月，野村开设上海事务所，是首家进驻上海的国际知名券商。为了应对不断扩大的中国业务，1989 年野村证券与 CIEC 在北京合资，成立了信野国际经济咨询公司，一直持续到 2003 年 5 月 30 日，它成为独资企业，改名为野村企业咨询（中国）有限公司。

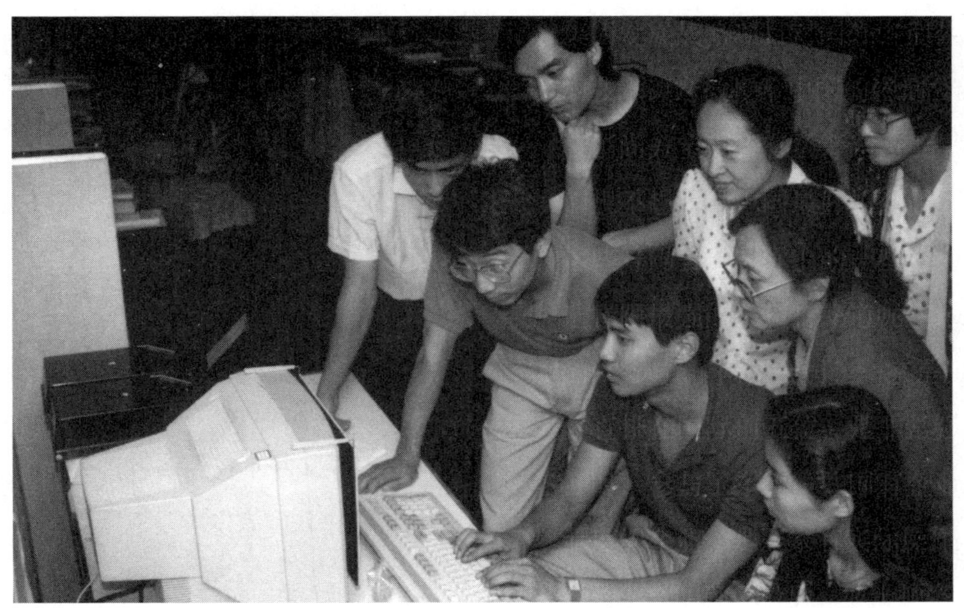

中日合资信野国际经济咨询公司员工

“当时对野村证券，我们出钱不多，没两年分红就拿回来了，很多日本大公司进入中国都是由信野做的，中国国际经济咨询公司派了一批人到信野，这是真正的合作。也有一些项目由双方共同合作，如日立的长期咨询，每月出一期报告，每期主题不同，做了很多期，通过分解成各个项目去做。信野签的日本客户合同，都由两家一起做。”顾心阳回忆道。

工程咨询

工程咨询、工程监理的业务在CIEC转型阶段蒸蒸日上。工程咨询、工程监理板块业务成了当时步履艰难的CIEC的稳定收入来源。

作为国内最早开展工程咨询业务的专业机构之一，CIEC是最早一批成为具备工程监理甲级资质的咨询公司之一。工程咨询部的成立是在1994年，将可行性研究部部分业务向工程领域延伸，纳入了公司信息部的部分业务内容，形成了工程咨询部的规模。工程咨询、工程监理原来并不在经济咨询视野之内，成立了工程咨询、工程监理部门后，公司正式进入国家发改委入围名单，当时是工程咨询综合甲级资质前两家之一。

当年，在CIEC艰难转型的那段时间里，工程咨询部可谓独当一面，有一段时间，CIEC的前半年开支都要靠工程咨询部一力承担。“这是因为工程监理和工程咨询，特别是工程监理项目，项目合同签了两三年，大都是跨年度的，但付款时间清晰，几百万的项目按照付款周期，是可以预估收入的。”工程管理二部总经理张豫锋说。CIEC的监理业务是从1996年开始做的，第一个就是电子科技学院项目，这个项目是与其他单位合作进行的，通过此项目试水，证实了CIEC的实力，随后，大项目接踵而来。业务做得最好的时候，一年同时监理十多个项目。可以说，当时CIEC的收入在很大程度上是依赖工程咨询的支撑。

在众多项目中，CIEC工程咨询部总在“挑战高难度”，而今，伫立在金台路上的《人民日报》社编辑楼就是当年CIEC的监理项目之一，当时监理的难点就在于这栋大楼所需要的保密程度比较高，CIEC的监理人员日夜奋战在现场，一丝不苟，精益求精，严格把关，高质量地完成了这个项目；还有西单图书大厦，作为国庆 50 周年的献礼项目，赶时间、重质量、抓重点、抠细节，凭借优质的监理获得了“结构长城杯”。

为北京西单图书大厦提供工程监理服务

CIEC 的监理项目曾获奖无数。工程监理业务大踏步前进，包括北京奥林匹克公园中心龙形水系、海南万宁神州半岛项目等。海南神州半岛旅游开发市政工程更是延续着 CITIC 的“血脉”，该项目由荣智健开发，CIEC 在开发伊始就参与其中。“神州半岛这个开发项目，经历了十几年的过程，做这个项目规划评估时，CIEC 就参与了。实际建设的监理也是全过程参与的，那时，岛上一片树林、坟地和鱼塘，什么都没有，经过 10 年的建设，现在的喜来登酒店，包括路、桥，还有市政设施，学校、球场、幼儿园，包括高尔夫球场、沙滩，非常漂亮，现在每年都举办冲浪节。”而宁波大榭跨海公铁两用大桥是亚洲单跨最大的公铁建于同一平面的跨海大桥，全长 5.74 千米，总投资 4.5 亿元人民币，是浙江省重点工程，也是国内首次实现主桥 170 米中跨零误差合龙。CIEC 为该项目提供了前期咨询和工程监理服务。

2008 年奥运会前夕，CIEC 工程咨询和监理部共承接了 4 项奥运工程的监理任务，当时 CIEC 参与的监理投标评标为第一名，奥林匹克公园中心区龙形水系工程获得北京市 2008 工程建设指挥部颁发的“北京市 2008 工程绿色施工优秀工地奖”。奥运中心 10KV 总配电站工程监理、奥林匹克公园中心区照明自控工程和奥林匹克公园北区麦当劳餐厅工程等其他 3 个工程监理项目顺利验收，为奥运会和残奥会的顺利进行做出了贡献。

奥运工程项目监理现场

CIEC 还应国家发改委委托，对特高压变电技术国家工程实验室建设项目、西藏三大重点文物维修保护工程项目、广东潮州供水枢纽工程项目等进行评估；为海南、四川、宁夏、云南的生物燃料乙醇规划进行评估。完成北京市发改委委托工程项目评估近百项。为海南神州半岛旅游开发项目提供工程监理服务，先后监理多个地块的住宅建设工程、市政工程莲花路和莲花立交桥工程、福朋喜来登酒店等五星级酒店建设工程等，至今监理工作服务超过 10 年。

CIEC 监理的宁波大榭跨海公铁两用大桥

工程监理业务的特点是责任大，成本高，利润少，项目的人员需求很大，因此盈利需要有一个稳定的业务规模。目前，全国有工程监理公司 4 000 多家，其中甲级资质的公司有 2 000 多家，可见竞争很激烈。2009 年起，CIEC 与信托进行战略合作，成本控制要求提高，传统的工程监理业务减少，市场知名度下降，并逐渐转型为信托业务投后管理和项目后评价。

全面开花

为了顺应外资进入中国的潮流，寻找合适的商业投资机会成为此阶段中国国际经济咨询公司的一个重要发展脉络。

从1998年开始，CIEC进入世界银行ODS[①]奥运环保项目，进入这个项目实际等于中国已参加联合国ODS环保项目的联合行动。这个项目的收入并没有其他外资项目那么丰厚，但是它的规格高、意义大。

缪培松是这个项目的执行人，他为此项目坚守和贡献了职业生涯的最后8年。2015年，他因病去世。在谈到这个项目时，他的情操，他的职业素养让人们永远缅怀。

世界银行ODSIII采购培训班全体学员与公司咨询专家

20世纪90年代中期，国家提出要治理环境。当时还不像现在，大家整天谈论雾霾天气，而是谈论臭氧层极强的破坏性。因此，国家环保局与世界银行设定了一个长期项目，叫ODS项目。当时中国与世界银行的合作项目还很

---

① ODS：消耗臭氧层物质的简称，是一种破坏大气臭氧层的物质。

少，CIEC挤进了这个项目，起初拿到6个子项目，通过不懈的努力，世界银行为CITIC特别专业、认真的工作态度所折服，最后发展成46个子项目。这些项目执行期长，咨询费用每年为60多万美元。姚进荣总经理一再强调，坚持这个项目不仅是为了赚钱，主要是为公司形象、公司品质，以及项目所体现的社会责任。

'97企业战略国际高级研讨班

从清华大学来的教师缪培松是学化工出身的，他作为专业人员被派到这个项目，他的任务很艰难，世界银行通过国家环保局的推荐，将专项改造资金发到中国若干个国有企业或民营企业进行专项改造，CIEC在其中监督执行。企业出现问题，世界银行将追究CIEC的责任。

当时国内有很多企业普遍存在信用风险，他们将钱拿到手后，并非真正用于治理环境，而是挪用为企业自身使用或转移给其他企业使用，有些民营企业甚至搞假破产。世界银行并不直接面对企业去管控，它们只盯着CIEC，因为一切运行问题及风险均由CIEC承担。

缪培松在各个项目、各个省市之间来回奔波，那种煎熬和焦虑的状态，并非一时半会儿，而是持续了整整8年。记者访问缪培松："你8年中去了多少个省市？出差大概多少次？"他回答："很多很多次。这已记不得了。很多都是老的国有企业，不都是工业发达的城市，很多都在山区，在很穷的山沟里，这真是一件非常苦的差事。"

真正辛苦的事还在后面。缪培松说："每个项目在世界银行验收之前，好几十个企业，需要我一个一个地写中英文的项目报告，每一份报告都是厚厚的一大本。"世界银行对这些报告非常赞赏，他们赞助的其他企业都还没能像这样按照世界银行的规范去做。

后来，世界银行的项目被国家环保局以行业机制的名义全部整合到自己的下属机构。此时的缪培松也是坚持到最后一刻，所欣慰的是，在CIEC的艰难转型中，他尽了自己所能。

世界银行项目组曾经以"职业素养高"来称赞缪培松，我们看到的是"中信人"的"中信精神"，在创业者身上有，在公司转型期同样存在这种精神。

国际会计制度研讨会会场

2002年，中国国际经济咨询公司与全球领先的猎头公司光辉国际（Korn/Ferry International）合作成立国内第一家中外合资合作猎头公司——光辉国际咨询（北京）有限公司。

1969年，光辉国际成立于美国，是一家提供人力资源解决方案，并且专注于高管搜寻的顶级跨国公司。1999年，Korn/Ferry在纽约纳斯达克股票交易市场上市。在光辉国际眼中，20世纪90年代的中国既是一个潜力非常大，又是一个非开放的市场。

早在1995年，由于中国不对外资人力资源服务公司开放，来自英国的著名猎头公司雷文公司不能开展自己的业务，它想与CIEC合作成立一个猎头公司。当时CIEC的业务人员还搞不清这是做什么的，向领导汇报，领导说，这种事我们怎么能干呢，这是挖人的公司，挖人家单位的墙脚，不大道德。后来汇报到董事长经叔平那里，经老批示说，此事不错，可以做。刚开始，CIEC内部建立了代表处。顾心阳、白莹、蒋磊第一批就考下了资质。

2002年，中国政府允许国外猎头公司进入中国市场，光辉国际是第一个递交申请书的，也是第一家被批准进入中国市场的。这个全球的猎头翘楚首度寻找的合作方就是中国国际经济咨询公司。2002年，光辉国际成立了中国第一家猎头公司，给CIEC 20%的股份。当年《时代周刊》封面登出了姚进荣总经理和光辉国际董事长的照片，成为轰动一时的大事。合资公司希望能与CIEC形成资源互补。值得注意的是，光辉国际在世界其他国家很少有合作企业。

办公室出租业

CIEC与全球最大的办公室出租公司合作，也一时传为佳话。

雷格斯是全球最大的办公室出租管理公司，旗下产品和服务包括配置齐全的办公室、专业会议室、商务贵宾室以及世界最大的视频通信网络。这个业务起源于英国。雷格斯的老板当时在英国，刚从学校毕业没事可做，租了一间办公室，却没有做成一单业务。他就想把办公室转租出去，连同电脑和办公设备，这样可以节约费用。没想到这个业务需求很旺，经常有人到伦敦出差，租的时间短，又急用，租期甚至是一天或一周。后来他干脆把自己的秘书连同办公室一起租出去了，他自己就帮忙搞搞接待。当时正值英国经济萧条，这种模式很有市场。他就把一层楼都租下来，打成隔间，配上公共的打印机、传真机。后来他不断扩充，专找经济最差的时候、房地产最不好的时候扩充，越做越大，最后成为世界第一。

为什么能创造世界第一？因为雷格斯创造了灵活的办公观念，人们能够按照自己的方式工作，不论在家中、在路途中都有办公室可用。谷歌、葛兰素史克和诺基亚等著名公司也与数十万家中小企业一样，成为雷格斯的客户，享受外包办公室及工作场所的优势，以便专注主营业务。

顾心阳对双方的合作历历在目。1989年，雷格斯的老板马克·迪克逊（Mark Dikson）来到中国，发现当时房价非常便宜，就找到CIEC给予建议，他想在中国发展办公室出租业。顾心阳提出，燕莎写字楼刚刚开业，是由德国汉莎航空公司投资，档次高，价格便宜，我们在价格较低时，先定租十年，将办公室租下来后再转租出去，这样肯定赚钱。但是商务中心不允许注册，这个是雷格斯无法解决的麻烦，于是就跟CIEC成立了一个合资公司，一直以燕莎的名义出租办公室。

广开新路

给外国政府高官培训，给外国人培训，是一个过去不敢想象的事情，在CIEC却成为一件让人忙不过来的事情了。①

---

① 部分内容参考了2006年2月5日《半月谈》杂志。

崔冠杰在国家科委工作期间，曾经主办过两期老挝高官培训班，有一些经验，后来承办了商务部组织的发展中国家官员研究班。依托管理咨询的经验和智慧，CIEC 在没有任何培训教材的情况下，在业内设计针对国外高官培训的课程大纲，并相应开设了中国国情、中国改革开放和经济发展经验，中国开发区的发展经验，中国的 BOT 和 PPP 投融资经验等一系列专业培训课程，又设计了研修班管理流程、服务规范、效果评价等管理课程，使其规范化。CIEC 还将对如何促进官员所在国家与中国企业的经济技术合作做出探索和实践，特别是对研修班的不同立场和使国外官员能够客观了解和认同中国，做了大量工作，推进了商务部对发展中国家官员研修班的规范化管理。在央企中，CIEC 是承办研修班数量最多、培训效果反映最好的培训单位之一。

培训外国经济官员是中国落实帮助发展中国家开发人力资源承诺的具体体现。自 2003 年以来，受商务部委托，CIEC 连续举办 35 期培训班，培训了来自亚洲、非洲、欧洲、拉丁美洲的 90 多个国家的 866 名经济管理官员，他们之中多数为处级以上官员，有些是司局级甚至部级官员。

商务部 2007 第 2 期摩洛哥经济管理官员研讨班

CIEC 对培训有着得天独厚的优势：CITIC 是综合性的大型国有企业集团，CIEC 多年的发展历程使其对中国国情和中国市场相当熟悉，业务遍及全球的投资合作项目，对外国市场也有深入研究，CIEC 能以最快的速度，在有需求的外国官员与中国企业之间搭起一座合作的桥梁。

与发达国家相比，中国与其他发展中国家国情相似，有着相近的发展轨迹，中国在发展中积累的经验更容易被他们所吸收。每次培训，CIEC 都会根据不同国家的需求，选择介绍不同的中国经验。中小企业发展、高新技术开发区建设、星火计划、乡镇企业、区域经济发展等中国经验，都曾登上外国官员的课堂。

在每期 20 天的研修班中，CIEC 对课程从教材的编写到教师的筛选进行了精细编排，既要向官员们讲授我国经济体制改革的历程、中国实行对外开放、参与经济全球化的战略，又要阐述我国在财政、税收、旅游、中小企业发展、人力资源开发及经济技术开发区建设和管理等领域的具体政策和做法。为此，CIEC 邀请了不同部门和领域的政府官员、专家学者来授课，此举受到外国官员们的普遍欢迎。在课堂上，官员们与演讲者互动交流，随时提问，随时解答，不断思考，提出了大量自己所关心的问题，并获得了满意的答案，人人做了大量笔记，收获颇丰。除集中授课外，CIEC 充分发挥自身优势，安排学员在京以及前往外地参观考察。

刘瑾丹回忆说："叙利亚总理府副总司长、第二期研修班团长 Tayseer 先生在访问成都市政府后感慨道，成都的经验和成就不仅对中国西部的发展有促进作用，也将对叙利亚产生促进作用。在服务业、吸引外资、环保、改善投资环境等方面，成都的经验都非常有益，特别是我们应学习成都城乡一体化的经验，叙利亚是农业国，促进和加强农业的发展，农业产业化和城乡一体化也是我们发展的方向。"

2004 年 11 月，与中国广西东兴市仅一水之隔的越南芒街市迎来了一批特殊的客人——“蒙古国区域化经济发展培训班”的 15 名学员。这个越南最大的对外开放区有“越南的深圳”之称，这让包括 3 位司局级官员在内的蒙古官员一个劲地发问：“你们为什么发展得这么好？你们是怎么发展起来的？”越南人的回答很简单：我们是靠学习中国发展起来的。同样与中国接壤的蒙古国官员听后很受触动，带队的官员表示一定要加强向中国取经。这个班结束的第二天，为期一个半月的蒙古中小企业经济发展研修班就开始了，有包括 5 位司局级干部在内的 20 名蒙古官员参加，CIEC 请来专家为他们讲中国基本国情、中蒙贸易现状、中国中小企业发展经验，聘请地方政府官员和企业高管讲中关村、深圳、重庆发展高新区的经验，还组织他们到广州、深圳、东莞等地参观考察。对这种包括集中授课、分组讨论，还组织实地考察、企业座谈、业务洽谈等多种方式在内的培训，蒙古国官员非常满意。

培训为中国企业开展国际合作打开了一扇门：非洲有些地方的优质水果多得很，可是没有先进的储藏技术和加工设备，大量的新鲜水果白白烂掉。非洲官员在北京顺义区考察时，对汇源果汁的工艺表现出极大兴趣。非洲官员考察湖北省种子集团时，“中国水稻之父”袁隆平的堂弟袁国保亲自讲解，官员们索要玉米、水稻、茄子、辣椒、胡萝卜等种子，详细询问种植方法。

世界品牌顾问

世界名牌耐克进入中国后，相继设立了 10 多个工厂。但后来出口的耐克鞋中，假货太多，海关罚没后还要收仓储费，那时候中国少有专利保护，官司也打不赢。耐克索性改变了在中国做生意的方式，自己不再建工厂，全世界谁的资源最好就用谁的，不好就换，原材料从全球采购。耐克董事会确定了原则，它仅控制设计、广告。但是这个原则进入中国后就行不通了，当时中国对外国公司的规定是，外国公司在中国不能做贸易，在中国可以生产制造，企业只能销售自己制造的产品，但耐克已经没有生产厂家，而台湾人在大陆设厂，一年生产 5 000 万双鞋，可以在大陆销售。耐克不能搞销售，就来找CIEC，有人建议耐克在中国建一个工厂，但不再建制鞋工厂，而是建包装厂，只将成品鞋穿一个鞋带后销售。耐克研究后认为，大公司不能做不符合公司形象的事情。

几年之后，耐克公司推翻了原先的原则，在上海太仓建立了 10 条生产线，取消了台湾的工厂，聘请 CIEC 为常年顾问。

日本某世界 500 强企业曾与 CIEC 长期合作多年，首先委托 CIEC 做色带的市场调查，服装、电子产品等条形码，都是色带印上去的，全世界只有它和凸版印刷能够生产色带。色带热转印在中国要大规模发展，因而需要做市场调查。其实，他们除了委托中国进行市场调查，同时也请了日本丸红、日本银行与他们自己 4 家公司组成一个组，共同进行调查，他们对 4 家公司的同样一个市场调查报告进行了评估，结果是中国国际经济咨询公司做得最好，而且不是一般的好，性价比也很高。

为什么他们要请 4 家做同一个调查？对此他们进行了解释，市场调查报告需要有一个选择测试，他们是想找一家长久的、靠得住的咨询公司来做顾问。这个报告就是一次测验，就是看谁做得更好，然后签一个长期协议。由此，这家公司与 CIEC 进行了长期合作。

此时，在生存竞争中越来越艰难的 CIEC，已经与咨询主业渐行渐远，依托 CITIC 的金融产业链向金融咨询转型，是一个比较明智和可行的战略性转型，这成为 CIEC 另一个重要的发展脉络。

寻求新的生机

全面开花的结果造成了偏离主业，与 CITIC 的期望越来越远。

一个有着光荣历史、曾经创造过很多辉煌业绩的公司，一个曾经是优秀人才高度聚集的平台，也曾经是 CITIC 事业发展过程中一个非常重要的组成部分，经过 30 多年努力创业，为 CITIC 的事业做出了重要贡献，同时也一直在创造自身价值的公司，为什么会优势不再？

2006 年，CITIC 的主管领导就一直思考寻找战略合作伙伴，以共同重组的方式对 CIEC 进行整合。而这个任务落在张克身上，他曾经在 CIEC 度过了职业生涯的创业期和辉煌期，非常了解 CIEC 的发展脉络。

经叔平董事长与张克交谈

张克说，CIEC 数十年都是业内领先者，曾是 7 家咨询公司联席会议的主席，而且是不换的，年年是主席，可见中国国际经济咨询公司当时在国内的影响力，当然，在国际上的影响力就更不用说了，《中国投资指南》就造成非常大的影响。当时会计师事务所、律师事务所都是在行业内排前几名的。

这表明公司的定位和架构是符合当时引进外资的宗旨、业务发展和人才结构的，是与之相匹配的。

但是没有企业是完全靠存量生存的，除非是不完全竞争的市场或垄断体制下的企业。昔日的“蓝海”，今天很可能成为一片“红海”。为什么就衰落了？会计师事务所和律师事务所的脱离是有客观原因的，没有抓住国家计委分片的机会也是一时的影响，很多没有这样机会的咨询公司也在发展，显然这些都没有找到病根。

张克说，徐世伟担任总经理时，励精图治，对不断出现的问题进行有针对性的整合，把存在结构问题的可行性部门整合到会计师事务所，形成一个良性循环的业务互动，把可行性带动起来，使其产生新的效益，这都是很专业的做法。徐世伟调离后，特别是经叔平不再兼任公司董事长后，公司发展的引领方向和战略管理就出现了一些问题。

20 世纪 90 年代之后，CIEC 开始了转型发展，例如搞贸易，做产品代理等，就已经偏离了咨询行业，当时有一种主导意识，就是什么赚钱做什么。市场经济也应有定力，也要坚持专业方向。“做什么贸易，做什么媒介关系为生，后来好像变成一个联络性的、没什么主业的公司了。与工程有关的业务最后变成了 CIEC 的主要支撑业务，而其他经济咨询业务在萎缩。不具有知识性和专业性，那肯定不是正路。”张克强调：“环境不是主要问题，还是决策问题。”没有适时地调整业务结构和业务方向，尤其是在国家改革的宏观背景发生了较大的变化之后，没有根据国内外的经济发展趋势、市场格局的变化来调整公司的业务。曾经一度，会计师事务所和律师事务所的业务不断上升，每年两个所的收入都被 CIEC 合并到它的报表中，结果形成 CIEC 好像一片繁荣的景象，好像年年的业绩都在增长，实际上咨询业务已经萎缩了。当两个事务所先后离开了，CIEC 一下子就托不住了，不少员工对 CIEC 的发展现状痛心疾首。

此时，CITIC 领导派人去跟张克商谈，张克将 CIEC 的财务报表拿来进行财务分析，咨询的年收入就剩下 300 万了，还有 700 万监理收入，而监理收入肯定不算咨询收入，再弄下去就只能支撑几年。看到这种发展现状，张克同样感到痛心、遗憾。在中国改革发展史中，CIEC 是有其特殊的价值和地位的，毕竟它开创了一个行业的先河。当时有些领导并没有觉悟，仍躺在公司的牌子上生存。这令张克很无奈，他说："你哪能靠这个牌子来谋利？你把事情做到了，你的牌子才会闪光；你做不到，你要牌子是没有用的。在市场竞争中，有多少响当当的中国国字头的公司都已经不存在了。"为了将 CIEC 保留下来，张克同意 CITIC 领导提出的股权比例等一切条件，而且他非常有信心，用 3 年的时间使它再度辉煌。唯有一条让他却步了，对公司领导层人事安排存在分歧，由此张克放弃了投资 CIEC。

"咨询公司在市场化条件下，没有走出咨询公司特有的、符合公司实际的、又能给公司创造价值的发展之路。"几年后，CITIC 总裁王炯到 CIEC 调研时指出。

CIEC 的出路在哪里？王炯总裁说，公司不能躺在历史的成就中去享受，应该将过去的辉煌和成就作为公司今天发展的动力。如何把公司做好，应该找市场去，也需要有创新，做适应于市场需要的、符合国家指导方向的咨询产品。王炯总裁强调，我们需要对公司现状有一个清醒的认识，更需要为我们的明天去谋划，在谋划明天的过程中，我们需要领会精神，秉承创新。

什么是咨询的正路？ CIEC 的一些创业者对这个问题进行了讨论、解读。

首先，咨询公司是高端智力型专业机构，国外的咨询公司都是由真正的专业人士组成的，这个组成包括领导层在内也应该是专业的。这是跟其他的机构都不同的。其他行业机构可能会有外行领导内行的现象，但是唯有咨询机构必须是内行领导内行，因为这是一个知识密集型的行业，是一个靠专业能力取胜的行业。律师事务所的领导一定要是律师出身，会计师事务所的领导一定要是注册会计师出身。由专业人士组成，由专业人士领导，这样才会有专业的思维、专业的处事方式，才有可能走上咨询的正路。

第二，咨询公司要有专业的方向和服务能力。社会上各种咨询的面很宽，达上百种，要有所为，有所不为，因而要准确地选定自己的咨询方向。你到底是做投资咨询、战略咨询、财务咨询还是管理咨询、信息咨询等，要分析自己的优势在哪里、市场上哪些方向比较有发展优势，还应该考虑 CITIC 有哪些方面的资源和需求，做出自己的战略选择，这才是正确的路。而不是去做中介买卖，在来钱快的事情上给人牵线搭桥，收一个 3% 的手续费，去做那些毫无技术含量的事。

第三，咨询公司要有专业立场和客观性。专业机构一定要维持其专业立场，及保持公正性、客观性，这是咨询公司一定要维持的。要在职业理念、职业规则上体现出客观性和超然性，否则就不是名副其实的专业公司。每个大公司都有专门的研究部门，为什么它下面的研究部门做不了咨询，因为它的功能是按照公司领导的意图去推动研究的职能型机构，围绕领导的意图搜集资料，进行分析研究，来证明它的可行性，这是它们与专业咨询的差异。

客观性和专业性是一个专业公司的灵魂，由此公司要保持相对的独立性。在这个基础上，才可能有一个客观的判断，有一个客观的声音，体现出专业价值和专业精神。

咨询公司何去何从？未来的出路和发展方向上要有创新，这是 CITIC 成功的秘诀和法宝，也是 CIEC 进行重整的法宝。

在方向正确的基础上，CIEC 还要有一个好的机制，这体现在治理结构、公司发展战略、用人机制等方面。对此，一批第一代创业者根据他们的亲身经历谈了他们的看法。

首先，要准确定位。咨询行业现在发展得非常红火，在北京的咨询公司就已经超过 2 000 多家，除了一些国际上知名的咨询公司，例如麦肯锡、埃森哲、罗兰贝格、波士顿等，国内也发展起来一大批有一定知名度的咨询公司，例如北大纵横、和君创业、信永方略、正略君策等。

在 20 世纪 80 年代，中国国际经济咨询公司是名声赫赫的，尤其是《中国投资指南》使公司全球扬名，让大家都知道你是做中国引进外资咨询的窗口，那是在咨询领域和专业咨询给你树品牌的大手笔做法，当时在中国排名序列中 CIEC 是第一，而现在第三序列都排不上。目前只有两家中国字头的咨询公司，但这么大的招牌，在咨询圈里知道的人很少，主要原因是偏离主业发展，逐渐被边缘化的结果，因此要形成咨询公司未来发展的清晰路线和准确定位。为什么 CIEC 在咨询业务上得不到持续发展？

方向、宗旨是一个问题。荣毅仁、经叔平都强调 CIEC 的宗旨要清晰，当时房地产赚钱，一些人要搞房地产，甚至提出搞咨询大厦，荣毅仁、经叔平一再强调，我们咨询的宗旨是什么，如果只是为了赚钱，CIEC 当年就挣大钱了，但是我们并没有走这条路。如果把公司的宗旨都改变了，就会变质。

第二，要有好的治理结构，组建专业能力较强的领导团队。这个领导班子应该有一种使命感，有一种历史感。当年创业者是以“夹缝中求生存”的精神进行开创性的事业，不能让这第一块牌子衰败。有雄心壮志，有专业能力的领导人，是可以再创机会的。

第三，咨询公司最大的资本是人才，只有汇聚了优秀的专业人才，才能给别人去做咨询。

人才整体层次下降是重要问题。无论是领导层级，还是下面层级，要与专业定位、专业结构相匹配，要进行分工合作。在创业期荣毅仁为 CIEC 配备人才，选择的都是某个领域的领先者，聚集了一批有才能的人，整体队伍是有活力、有能力把这个领域带动起来的。

侯健君回忆从北京大学经济学院硕士毕业后，到 CITIC 来找工作，人事部想招男的，这样出差方便。荣毅仁在报告上面批示，“看人不要看性别男女，要看能力，看素质”。这体现出了荣毅仁用人的取向。

侯健君在回顾时说，初期荣毅仁、经叔平，包括季崇威，他们能站得高，看得远，不是因为他们有地位，而是因为他们有思想。她说，有思想的人可以做领袖，没有思想顶多就是个部门领导。能够成为行业的领袖，才有能力创多少个行业第一，后来有些领导为什么只能做个执行领导，没有办法再创第一，不能继续在行业中产生影响力，就是因为没有思想。你看季红组织出版书的时候，她知道要依靠专家，不能取代专家的作用，应该集大成，把不同阶段的精英的思想聚集起来，才能成就你的金字塔，把智慧集中起来，形成一个思想。在这一思想下把学术和专业智慧表述出来，把成果体现出来。她是因为在 CIEC 工作了这么多年，所以学会了用这种思路去做事。CIEC 输出了很多人才，都培养出了这种基本思维方式。

无论从事什么工作，都要研究以什么方式组建队伍，路线是什么，如何集中目标去持续实现这个宗旨。

CIEC 有一套特殊的企业文化，特殊的机制，它是一种人和的单位，怎么黏合各个不同专业的人才，有很多 know-how 在里面，本质就是制度和企业文化。解决问题最根本的力量是知识，最最根本的力量是有智慧、有知识的人才，它依赖这种文化和制度培养了一批人，后来很多人调到其他各部门、公司外各领域，大部分都进入了领导层。例如在会计师事务所工作的居伟民，后来成为 CITIC 主管财务审计的副总经理，2015 年调到中投公司任副总经理。

从问题导向出发，与市场对接，与需求对接，势在必行！

研究中国国际经济咨询公司未来发展模式势在必行！

第四部分 扬帆起航

重组大业

聚智平台

一体两翼

有特色的咨询与研究

进入21世纪,咨询行业内忧外患,一时间,中国国际经济咨询公司举步维艰。

2008年全球金融危机之前，中国咨询行业整体保持着迅猛发展，但问题也接踵而至。

当时国内的咨询公司可以说分为三个梯队：第一梯队是外资跨国咨询公司。以麦肯锡为领头和典型代表的国际跨国公司，以其全球知名品牌、丰富的咨询经验、优秀的人才等优势成为咨询市场的主体。第二梯队是中国国有企业咨询公司。以中国国际经济咨询公司和中国国际工程咨询公司为代表，起步早、发展快、实力强，但面临着外资咨询公司的前后夹击，进入缓慢的发展期。第三梯队是以专业咨询的民营咨询公司为主，鱼龙混杂，既有专门从事风险投资相关业务的咨询公司，也有专门从事IT计算机相关技术的咨询公司，还有专门从事人力资源业务的咨询公司，更有专门从事营销策划的公司和从事培训的公司。有些公司存在着大量的问题：咨询程序不科学,行业规则尚未形成,咨询人员素质参差不齐，一时间，咨询行业可谓是毁誉参半，市场也被冲击得“七零八落”。

CIEC的经营和发展进入困境已成为不争的事实。很多员工心存焦虑，他们认为主要领导是第一生产力。领导力不足是员工的共识。有的员工看到中信信托等子公司的成长非常羡慕。他们说，2004年全国60多家信托公司都差距不大，为什么经过几年，中信信托公司发展迅速，那肯定要靠领导力，领导没有大思路，没魄力，没专业能力，那行吗?

公司创业时的副总经理庄寿仓虽然调任中信香港多年，但他一直关注着公司每一步的发展。庄寿仓在他的著作中曾经详尽地记述了CIEC的创业和发展经历，以及存在的发展误区。他在《永远的荣老板》一书中说：“想起昔日的辉煌不禁黯然神伤。作为CIEC的创建人之一的我不禁感慨万千。”据很多CIEC的老人说，庄寿仓在撰写此书时，曾从香港给他们打电话，核对并共同回忆当年公司业务中的一些细节，说起现状，大家都颇有同感。庄老的一段话，表述了大家的心境，同时大家从内心对 CITIC 新任领导抱有期盼，希望能够拿出办法来，让 CIEC 重新回到荣毅仁老董事长指引的方向道路上。

庄寿仓在书中说："2009 年，公司因经营不善，财务状况不佳，甚至有些不务正业，实在难以为继。当时负责领导 CIEC 的中信公司领导，曾经考虑苟存，不然就撤销。正值此时，蒲坚得知，主动提出由信托代管。"

CIEC 重组在即。

毕竟，作为一个知识密集型企业，CIEC 和金融行业公司、实业产业公司有着很大不同，CITIC 的领导对此也深知。在中信人看来，CITIC 是国家重要的大型央企，CIEC 秉承珍贵的历史传承，若搞不好中国国际经济咨询公司，觉得对国家、对历史、对 CITIC 都不负责任。作为 CITIC 乃至中国咨询行业的一块金字招牌，CITIC 这些年来想方设法'搞活'、'搞好'CIEC，试图通过业务结构的调整，寻求新的发展生机。

沧海横流，方显英雄本色，中信信托公司开始与 CIEC 协同复兴之路。

中信集团王炯总经理莅临公司指导工作

重组大业

中信信托公司与CIEC进行战略合作，对蒲坚和他的团队来说，既有勇于担当的一面，也有在丰富实践经验的基础上深思熟虑的一面。

历史担当

1979年，中国国际信托公司的成立，标志着中国第一家信托公司的诞生，开创了中国信托业务的先河。公司成立之后，各省市各部门蜂拥而起，纷纷办起各式各样的信托投资公司，1988年达到最高峰时有上千家公司，但是绝大多数公司的业务都是将信托投资公司的投资功能无限放大，并未触及真正的信托业务，风险聚集，事故频发，全行业遭到6次大的整顿。在当时的历史环境下，信托业务还没有条件得到规范开展，因而严格遵循分业经营、分业管理，被监管机构严格要求回归本业，最后仅存60多家机构。

当时，信托业务在CITIC经营规模中仅占很小的比例，也曾有人一度向时任董事长王军建议停办风险太大的信托业务。王军的态度很坚决，他说："信托是在邓小平支持下，由荣毅仁老董事长开创的，是对外的窗口，何况信托投资是一个整体，是不能分拆的，去了信托我怎么向老董事长交代，困难只是一时的，要动脑筋想办法，中信的信托业务绝不能在我手上断送了。"

从2002年起，在王军董事长主持下，中信信托经历了重组、改制，从中信兴业信托投资公司剥离，组建了中信信托有限责任公司，银监会批准了中信信托重新登记、注册挂牌，委派常振明任董事长，姚海星任总经理。在董事长常振明主持下，从日本引进了年金信托管理业务。公司与中国建设银行合作，开展30亿元的按揭住房信托业务，又与华融资产管理公司联合推出了全国第一个不良资产信托管理产品，并开创了首家外汇理财业务。此后，中信信托迅速跨入开展信托本业的创新之道。

2004年，居伟民出任信托公司董事长，蒲坚任总经理。蒲坚是一位理论与实践紧密结合的研究型领导，他一直在深入研究如何以诚信为本发展信托业务，如何有机地将西方信托业务植入中国社会主义市场经济体制下的信托创新发展中，有很多新的理论建树。在规范信托行为、促进行业健康发展的基础上，他率领中信信托公司努力改变传统模式，实现业务转型，在产品的设计上运用信托专业知识、信托理念和信托制度，不断组合创新，形成了证券投资、股权投资、信托贷款、准资产证券化、信托资金租赁、企业年金信托等业务。他们在践行中厘定了“无边界服务、无障碍运行”的“双无”经营理念，在不断创新中将信托业务从“老三大市场”转型为“新三大市场”，即信托不仅横跨货币市场、资本市场和实业投资市场，而且更为广泛地运用信托财产，包括在金融市场、实业投资市场和资产托管市场发挥更大的作用和价值。

随着对信托综合价值的研究和实践，中信信托又进一步提出“金融普惠，资本民享”的理念，信托不断增强知识集成和创新的能力，突破现在“私募、高端、个人”的现状，本着信托应该为广大人民服务，达到走向“公募、全体人民、机构”的目标，通过提升自身能力，降低财产（资金）的融资成本，显著提升主动资产管理能力，不断拓宽业务领域，发展并推出涉及农牧生产、能源资源开发、民生工程建设、商业服务等多项具有影响力的信托产品，让更多的投资者分享中国经济发展的收益，切实发展和践行中国特色的信托业务。

2009年，中信信托组建5年后，中信信托资产规模已突破2 000亿元，中信信托在资产规模、经营收入、利润总额等主要指标上均居同行业首位，综合实力排名第一。2011年，蒲坚担任中信信托董事长。更为年轻的陈一松任总经理，居伟民、蒲坚连续担任中国信托业协会会长，中信信托公司已成为中国信托行业的领军者。

同样的历史担当，面对中国咨询行业的开创者，面对荣毅仁老董事长开创的中国国际经济咨询公司，蒲坚并没有采取“关门了之”和“一卖了之”的态度，他又立下了军令状。CITIC一代又一代精明强干、思想敏锐、敢为天下先的领军人物，接过来的不仅仅是一个公司，而是要将荣毅仁开创的咨询事业再现辉煌。

价值连接

2009年6月，天气炎热的一天，时任中信信托董事长蒲坚和信托公司的几位副总进行着热烈的讨论，如何使中信信托与CIEC实现业务协同，中信信托公司在重新进行了功能定位和整合后，发展势头非常好。怎样才能使这个发展势头和CIEC很好地结合起来，这正是CITIC及中信信托领导需要考虑的问题。

在CITIC领导的推动下，蒲坚一直在为这个业务结构的整合进行战略布局思考。CIEC在发展中遇到了严峻的挑战，业务萎缩，账面资产缩水。如何使CIEC走出低谷？当年地方政府很多重要的咨询项目都是由CIEC来承担，但由于行业快速发展，市场迅速分化，事实上我们已经不存在垄断和专属的优势，咨询行业也已走出当时提出完整方案的时代，在一个非常细分的市场领域中，每个咨询公司都要参与业务结构设计，由简单的提供一个综合的解决方案，进入到一个专业性细分的市场领域。

从 CITIC 的角度来看，曾经有一段时间考虑让社会一些机构参与 CIEC 的改制。但是这样做在政策上存在一些障碍，另外作为集团的一级子公司，CIEC 秉承了一个历史传承，如果把这个品牌公司简单地改制或进行整合剥离，集团领导认为那都是有辱使命的。那么能不能通过一个新的业务结构组合方式来改造，让 CIEC 寻求新的发展生机呢？按照蒲坚的设计理念，形成了中信信托与中国国际经济咨询公司“深度合作”的业务结构。也就是说，中信信托与中国国际经济咨询公司的业务形成了战略合作。这种思路是从两个方面考虑，一是发挥咨询和信托的内在价值连接，二是 CIEC 在当时的情况下面对着一个历史转折期。

首先，CIEC 要做的就是转变观念。在新的时代、新的形势下，要学会如何把旧的知识与新的知识有机融合，这需要通过制度的建构，让知识“充分释放”，在市场上找到自我定位。“即便到了互联网时代，也要充分地认识到，思想不会从互联网产生出来，还是要从人的头脑中产生。”蒲坚强调。CIEC 作为智力型企业，和金融企业、实业企业有着很大的不同，要改变认知，因为只有认知的改变才能使 CIEC 发生翻天覆地的变化。CIEC 编写的 2010 年《中国信托业报告》中就提及“认知改变信托”。报告中说，认识论（认知、认知风格）、方法论（政治智慧、正确的战略）、实践论（持续改进、不断创新）是非常重要的。以认知的基本知识、基本逻辑和基本定律来重新认知中国信托业的过去、现在，可以更全面、更系统地把握其内涵和价值，指导信托业的发展。这是改变信托业、信托公司现状和未来的初始和基本条件。不仅中信信托公司正在改变，CITIC 也正处于大的发展转型过程中。

CITIC 总裁王炯到 CIEC 调研时说：“中信现在面临的外部环境跟 20 年前、30 年前发生了巨大的变化。我们所面临的行业、市场都在发生变化。中信所有的金融、非金融都是完全市场竞争条件下的产业，没有过多的垄断，而且面临的是一个完全公开的市场。改革开放30多年，不仅中信发展起来了，其他公司也在发展。原来是人家没有的，你有；现在是你有的，人家也有，充其量是你比人家进入早一些。面对中信内部和市场外部的情况，中信未来的出路和发展方向，只有创新。”他强调：“本着创新的精神，中信在金融、实业，国内、国外各领域不断整合、创新，同时，中信集团领导也想方设法要将CIEC搞活、搞好。”王炯总裁说，不能低着头拉车不看路，方向、政策和市场一直在变化，没有一个统一不变的模式，要在发展中改变自己，找到适合自己的发展模式。

在当时的市场环境中，中信信托可谓“一枝独秀”。中信信托一直保持着迅猛而健康的发展态势。在过去的几年中，凭借突出的实力和稳健的经营管理能力，中信信托连续3年荣膺“中国优秀信托公司”称号。截至2015年年末，中信信托全口径资产管理规模近14 000亿元，连续9年位居中国信托业第一位，为受益人分配信托利润超过543亿元，净利润超31.5亿元，注册资本100亿元。“十二五”期间，中信信托累计为受益人分配利润1 588亿元，累计为80 758位受益人次提供权益登记、清算分配、权益变更等各类服务；累计实现营业收入超过296亿元，累计实现净利润超过137亿元，累计缴税77亿元。

在这样好的发展契机下，在CIEC的历史转折点上，发挥咨询和信托的内在价值连接是CIEC涅槃重生的根基。

那么，怎样才能更好地发挥咨询和信托内在的价值连接呢？

所谓价值连接，信托天然具有一种功能需求，就是咨询功能。时任CIEC总经理张继胜阐释，按照信托的规则，信托是一种居间行为，而居间行为本身就需要咨询功能的支持，这就是说，咨询功能是信托本身应该具备的功能之一。这样，咨询和信托就很容易在业务发展中实现价值连接，两者功能的深度契合性，为咨询和信托的合作构架的设计提供了一个天然的契机。

然而，合作不是简单的合并，不是办公室换一个牌子，更不是井水不犯河水的“盈盈一水间，脉脉不相语”。对于中信信托和中国国际经济咨询公司来说，如何做到 1 + 1 > 2 是摆在所有人面前的头等大事。

当时信托的主要业务发展方向仍然是面对市场做一些融资性的业务，而融资性的业务需要有咨询功能的支持，比如说尽职调查、可行性研究分析、信托产品评估、信托产品的定价，包括信托项目的后评价和项目实施过程中的管理等都需要咨询功能的支持。

CIEC 有三大价值连接优势：一是品牌优势，在历史上创造了咨询行业若干个第一；二是人力资源优势，经过长时间的发展，CIEC 积累了众多骨干人员，尽管这些年人员流失比较严重，但公司还是保留了一些人脉和渠道，公司文化和专业能力还在；三是资质优势，公司持有工程咨询、工程监理的甲级资质，这是公司的无形资产，也是 CIEC 发展积累的优势。

CIEC 与中信信托的战略合作所具有的优势概括起来就是，资源共享、功能互补和价值连接。

重整转型

新的价值连接方向确定后，CIEC 的发展思路、战略定位和运营模式也就明确了。

2009 年 7 月 8 日，中国国际经济咨询公司第五届董事会第一次会议通过了《关于中国国际经济咨询公司 2009—2011 年经营规划的议案》。在董事会上，CIEC 发展的总体思路得以确认：“以金融咨询为发展目标，构建核心竞争力和比较竞争优势。”与会董事认为，中信信托与 CIEC 的战略合作，是在市场条件发展变化的形势下金融模式的创新，也是CIEC发展的新机遇、新境界。CIEC要紧紧依靠与中信信托的战略合作，按照“无边界服务、无障碍运行”的经营理念，在新的境界平台上理解金融咨询的含义。

中国国际经济咨询公司第五届董事会第一次会议

CIEC以经济咨询聚焦于金融咨询，时任总经理张继胜从5个方面对此进行了解读：

第一，金融咨询有着广阔的发展空间，经济社会生活中存在着信息不对称、功能缺失的现象，为特殊的委托代理关系的建立、信托业务的开展创造了条件，金融咨询面向中信信托以及信托业有着提供咨询服务的介入机会。

第二，金融咨询有着丰富的内涵和外延。国债信托业务的创新发展，金融咨询能够借助咨询公司专业资质和专业能力，通过不同咨询工具的集成和整合，满足信托业务多样化的需求，为中信信托成为综合金融方案的提供商和多种金融功能的集成者提供了软资源支持。

第三，金融咨询有着非常大的包容性，咨询服务的专业工具具有通用性，能够打破行业、体制的界限，根据信托产品的需要，形成不同的咨询服务模式，满足信托产品的差异化市场需求，提高信托产品的市场适应能力。

第四，金融咨询有着很强的整合能力。作为一项智力活动，咨询服务的特征是不断创新，这恰恰契合了信托业务活动的灵活性，能够恰到好处地统筹兼顾市场、产品、运营和风险各方面因素，及时整合市场咨询，增强信托机构和信托产品市场的应变能力，培育信托业务的长效机制。

第五，按照“无边界服务、无障碍运行”的理念，将金融咨询业和信托业务融合，以创造价值为宗旨，CIEC 既可以发展成熟的咨询业务，又可以开发信托业务。在各业务模块之间消除发展障碍，对外以创新引导无边界，对内以协同引导无障碍。

厘清了发展理念，将经济咨询转向以金融咨询为主，CIEC 也随之更新了战略定位。新的战略定位是：中信信托与 CIEC 开展战略合作后，CIEC 保持其独立、客观、专业的市场地位，与中信信托结成功能互补、资源共享、方案综合集成的一体化战略同盟，确立以金融信托咨询（简称金融咨询）为行业比较优势和核心竞争力，为中信信托的科学发展提供全方位软资源支持，逐步将 CIEC 建设成为国际知名、国内一流的以金融咨询为主要特征的咨询机构。

战略合作与重组，把 CIEC 带入了新的境界，适应了咨询行业的历史转型，为 CIEC 的再发展拓展了新的空间，这种改革同样具有历史意义。

在这种设计下，要求 CIEC 必须从传统业务中尽快转型，当时 CIEC 的主项为管理咨询和工程咨询。而咨询行业已经出现了明显的业务转型迹象，CIEC 的传统经济咨询业务也已经没有什么竞争优势了，在这两个判断的基础之上，需要加紧对 CIEC 进行业务重组，结构改造。

对 CIEC 进行重组和改造的方案是什么，如何实施呢？

在中信集团的支持下，CIEC 的“改造”方案分三步走。

第一步是战略定位、功能设计，即在中信信托和CIEC的深度合作中，发掘信托和咨询的天然联系。

第二步是组织结构调整。CIEC根据需要，成立不同的咨询部门，分门别类，顺应战略定位和组织功能的变革。

第三步是统一思想。CIEC给中信信托培训，中信信托也给CIEC培训，进行文化融合、队伍融合，包括人力资源重新配置，引进专业人员。特别是进行人员交流，比如CIEC派出一部分人到中信信托，中信信托派出一些人到CIEC来。

从咨询的角度来讲，强项是系统性和框架的完整性。另外，CIEC在绩效考核、项目管理方面有许多优势，可以为信托项目设计制度性文件等方面提供服务。

从信托的角度来讲，深度合作增加了对金融机构的风险控制能力，增强了信托公司的市场拓展能力，因为信托公司多了一个咨询业务，相当于它自己壮大了，这也为信托的发展注入了新的动力。

对中信集团来讲，在集团内部形成了两家子公司在功能上的战略协同，盘活了一些低效资产，增加了金融资产的增值保值能力。前几年，CIEC在集团内部的排名非常靠后，而今有了新的活力，这都是非常有意义的。

2009年，中信信托选派张继胜作为CIEC总经理接手时，根据集团改制要求计提离退休人员基金1 200万元后，CIEC的账面净利润为负值。有专业能力的人员不断流失，挽救这个公司势在必行。张继胜总经理计划在3年内完成CIEC的业务整改，实施步骤分为两步走。

第一步，战略定位的改造。利用1年左右的时间，做了新的战略定位和功能设计。发挥CIEC的资质和业务优势，保持运营格局的基本稳定，将工作重点转到为中信信托提供金融咨询服务上，坚持效益优先的原则，扩大公共资源积累规模。

第二步，确立金融咨询模式，打造金融品牌。利用两年乃至更长的时间，形成信托评级、资产评估、风险评估、信托研发以及投资咨询、管理咨询、工程咨询、工程监理于一体的独具特色的金融咨询模式，打造中信金融咨询的品牌。

这两个步骤，保障了CIEC在战略定位上的转型，打造了新的品牌形象，为配合在3年之内完成上述目标，公司制定了经营目标和具体工作实施方案。

经营目标具体如下：

2009年要扭亏为盈，营业收入达到3 000万元，增长率达到19%；

2010年营业收入达到7 500万元，增长率达到150%；

2011年营业收入达到1亿元，年增长率达到33%。

具体工作实施方案：

1. 保持目前投资咨询、管理咨询、工程咨询和监理业务等成熟业务的基本稳定，以服务商的身份加强与中信信托的战略合作，实现效益显著增长，充实CIEC公共积累。

2. 适时优化组织结构和人员结构，成立金融咨询、信用评级、资产评估、风险评估等专门业务团队，开展相关业务，实现与中信信托的业务融合，打造中信金融品牌，实现真正意义上的功能互补、协同效应。

3. 在经过一段时间的磨合后，进一步明确合作模式和流程，业务团队既可以提供信托业务的软资源支持，又可以独立研发信托产品，形成信托方案，直接面对中信信托的中后台。同时，面向社会开展金融咨询业务。

同时，对上述工作方案设计了匹配的保障措施：

1. 加强基础建设，完善经营决策机制。

2. 实施人才战略，整合现有人力资源。

3. 完善激励措施，制定简洁有力的考核措施。

4. 创建和谐的企业文化，推行价值文化，鼓励创造价值，形成创造价值光荣、创造价值受到尊重的局面。

鉴于 CIEC 的团队比较分散，自成体系，各自在市场找项目的现状，在整改时，还发起了对 CIEC 前台业务部门的改造，转为重点倾向配合信托业务的开展，成立金融产品评价部，金融咨询一部、金融咨询二部、金融咨询三部、金融咨询四部、金融咨询五部等不同职能的部门，整合工程咨询与监理部为工程管理一、二、三部。

同时，CIEC 各部门深度介入信托管理，参与信托产品的风险评价和市场定价，后期 CIEC 还成立了风险管理部，专门对所有的项目进行风险评价。

后台的改造也是如火如荼：CIEC 内部结构被拆分为财务、人事、办公室，权责分明，以此实现专业化的管理，强化专业职责，增强风险控制能力。

通过整体改造，CIEC 整个组织架构、特别是制度结构得到了完善。对中信集团来讲，两家子公司在功能上的战略协同盘活了资产，也在集团内部成为整合的成功范例。

在组织结构上，为了与实施方案匹配，将 CIEC 原有的员工和原有的业务部门进行变动整合，公司在整合中进行了相应的变革和治理，完善组织架构，进行流程再造，这样原有人员的组合就提到日程上来了。

CIEC 的组织结构分为前台、中台、后台 3 个层次，前台原来是一个管理咨询部，分成若干个团队，每个团队四五个人，自成体系，各自在市场上寻找项目，比较分散。这样的格局，很难组成业务核心。在整合中，CIEC 将前台的业务改造为一线团队，重点倾向于配合信托业务的开展来改造。于是，金融管理咨询部的名字就产生了。同时成立了金融产品评价部，工程管理一、二、三部进行信托项目管理，由此一线团队的核心突出了，任务明确了，就是做金融类的市场拓展项目，以金融管理的名义出现。在信托市场拓展业务的同时，开展了一些信托服务的咨询业务，进行了尽职调查、项目评估以及项目评价，重点是信托产品的市场定价，还做了若干的报告，起到了一定的作用，这个部门由原 CIEC 市场调查部郭小朋主持，金融产品评价部由陈义正主持。对中台的部门也进行了改造，公司成立了风险管理部以及风险管理委员会。专门对所有的项目进行风险评估，公司内部也制定了风险评价的流程，在项目中首先对自己进行评价，经过自己评价之后，再提交到信托风险评价的层面上，这就是中台业务。后台原来是设立一个大的中心，相当于综合服务中心，在整合中把原有结构进行拆分，分为财务、人事、办公室。以前财务是设在办公室里面，没有独立出来，这样做的目的是要实现专业化的管理，强化专业职责，增强风险控制能力，使整个业务架构更加合理，进一步完善管理制度。当时，在制度设计上的理念突出了效率和便捷，制定了考核激励办法，重点抓制定标准和比例，激励按收入比例提成，这种方法简单有效，在解决问题中起了较大的作用。

平台的整合涉及文化融合问题，这是非常重要的。因为这两个平台本身在业务、福利、待遇上都有较大差距，如何使平台和人员越来越靠近，这是一个如何融合两家文化的问题，在制度设计上使大家能够互相认可。一方面，组织结构的改造、内部流程的治理、激励制度的制定等推动了融合的速度；另一方面，加强中信集团内部的协同效用，在中信的大平台之上，信托公司和 CIEC 同为中信人，有天然的协同互补优势，公司在业务的发展中增强了互补性，也推动了这种融合的速度。

实践证明，这种整合的效果产生了生产力，不久之后 CIEC 的面目发生了巨大变化。通过整合创新，CIEC 重新发掘了每个人的潜能，焕发出了活力。

2010 年，在中信信托公司的支持下，CIEC 按照“功能互补、资源共享、协同效应、一体化运作”的战略合作模式，在转型中，与中信信托密切合作，构筑“突破信托业务、稳定传统业务、做好服务商业务”的3个着力点。公司从领导到员工，拧成一股绳，积极探索切实有效的业务转型途径，二次创业的精神重新凝聚了这个集体。

张巨峰说：“世界上一切不变就是变，与时俱进是每个长久企业必然的选择，也是企业的转型，自身的进步，自身的升华。”

2009年，CIEC实现净利润200多万元。2010年，CIEC主营业务收入实现近8 000万元，与上一年同期相比，增长了146%，净利润为3 000多万元，与上一年相比，增长了971%，效益水平达到历史最高。2013年实现主营业务收入2亿多元，净利润达到1亿多元。这些耀眼的数字、傲人的业绩是在公司转型的3年规划中提前实现的。

实践再一次证明，没有一条正确的路线，没有一个好的机制，就不能创造一个业绩辉煌的公司。

在战略合作、协同发展中，第一，信托公司开辟了专门的业务沟通渠道，使CIEC在发挥传统的投资咨询、管理咨询、工程咨询、工程监理的同时，迅速进入信托产品研发和设计中，在信托产品实施的管理上有了更好的发展。第二，通过项目评估、项目管理、投资分析等咨询专项服务，增强了信托产品的市场适应性和风险调控能力，为信托产品的安全提供了保障。第三，通过投资咨询、管理咨询、工程咨询、监理和项目管理等方面的专业服务，为信托产品提供了综合管理服务，也为信托产品在实践过程中提供了安全保障。第四，通过人员与信息交流的方式，CIEC与信托公司的资源实现了共享，为咨询和信托业务的开发和发展提供了保障。在CIEC与信托公司的业务合作上，精心设计了下述各环节的业务节点，以实现两业之间的价值连接。

1. 以服务商的身份进入信托业务的某些环节，承接中信信托因人力不足、专业力量不足等原因需要外包的业务，例如开展尽职调查、可行性研究等，为信托产品的设立提供专业化服务，增强信托产品的科学性和抗风险能力。

2. 以信用评级机构的身份承接信托产品评级，在通过评审会后，对中信信托集合类信托产品，在募集前以投资咨询报告的形式进行信用风险评级，以提高信托产品的销售能力，满足市场多元化的需求，进一步树立中信信托品牌形象。

3. 以过程管理机构的身份承接工程类项目过程管理、PE类项目过程管理和工程监理，以及资产评估类业务（包括不动产、动产、无形资产评估），以提高管理效率，切实维护委托人和受托人的利益。

4. 以项目推荐人的身份向中信信托推荐项目，并积极参加到项目运作过程中来，既发挥专业能力，帮助完善信托方案，又在实践中了解信托业务的操作流程。

5. 以信托叠加咨询的形式，共享客户资源和人力资本资源，形成功能集成，携手面对市场，对同一客户进行深度营销和开发，派生出信托业务和咨询业务，推出满足客户需求的、有实际效能的金融综合性解决方案。

6. 双方共享信息资源，对信托市场供需变化及时、准确地做出反应，利用CIEC的专业能力，孵化信托项目，研发信托产品，定制信托产品，提高中信信托产品的市场竞争能力和适应能力。

7. 双方建立理论研讨机制，发挥中信信托在创新方面的先发优势，整合各方面的信托资讯，及时总结经验，定期发布具有市场话语权和社会影响力的信托咨询报告。

8. 发挥CIEC在香港分支机构的作用，及时掌握国际前沿动态，开展境外信托业务，实施国际化发展战略。

从2010年CIEC的主营业务收入中可以看出，金融咨询收入为5 528.27

万元，而上一年为 1 159.98 万元，增长了 377%。而投资咨询和管理咨询的比例都在下降，这体现出金融咨询业务已经发展为 CIEC 的主体业务。

2011 年是 CIEC 与中信信托公司结成战略合作关系的第三年。这一年，CIEC 实现主营业务收入 1.37 亿元，与 2010 年相比增长了 76%；利润总额为 8 045.9 万元，与上一年相比增长了 100%；净利润为 6 049 万元，与上一年相比增长了 94%。

利润持续增长的主要原因是，在战略合作后，CIEC 不断发展金融咨询业务的同时，延伸了传统咨询的业务链，包括工程咨询、工程项目管理及监理、管理咨询、投资咨询等业务。除此之外，还将独立面向市场开发的信托产品设计工作放在首要位置，作为 CIEC 效益的增长点。

CIEC 转型 3 年，由账面负值到实现利润总额 8 000 多万元，经济效益显著提升，这样的财务数据使公司上上下下群情振奋。更令人可喜的是，公司转型后，遏制了人才大量流失的现象，稳定了队伍，在短期内员工精神面貌、公司的文化发展都有很大的变化。

一个公司在整合转型中，大家能否接受二合一的模式，能不能搞到一起去，这其中软资源力量的融合也是一种考验。

关于融合的问题，张继胜总经理在实际推动中有很多切实可行的经验。当他谈及两个公司融合过程中的问题时，始终强调的不是操作问题，也不是客观流程等问题。他很坦率地说："我倒觉得这个时候需要的不是技术问题，而是一种情怀。"

技术问题解决起来比较顺利，CIEC 本身就是做管理咨询的，对组织结构改造、内部流程的再造、公司治理的梳理都可以很快适应，工作重点还是在融合上。"为什么大家能够接受两个公司价值连接这个模式？开始大家也质疑，他们更强调咨询和信托业务的差异，这种二合一的方式能不能搞到一起去，大家也很犹豫。在福利待遇上本身就有差距，大家对整合都有疑问。”张继胜说。在组织架构调整之后，我们在精神和文化层面发挥了作用，都是中信人，在中信的协同方面有天然的优势，协同加上激励，推动了融合的速度。张继胜说，现在两家的文化融合得非常好，已经拆不开。“现在如果让陈胜春、云宗国、齐莹这三个团队从信托离开，他们会说不行。”新任业务总监齐莹对融合的体会颇深，她说：“我们现在做的事情有着很强的中信特色，就是务实市场化，中信信托和中国国际经济咨询公司的领导们都是务实派，是资源运用的高手，通过资源整合实现战略意图，通过获取和挖掘人才，让战略落地，这些都是有独到之处的。”张总说，他们在做融合工作时就说过这个预测，“我期待着有那么一天，你们分都分不开。”重要的是，让大家理解和支持这种转型，看到了这项事业未来的发展，愿意为这个事业去共同奋斗。

转型和变化是常态

CIEC 一直面临生存、转型和发展的难题，与作为中信集团一级子公司的地位极不相称。

那么，CIEC 的一些业务主管是如何看待业务的转型和公司的未来呢？这也是深度融合的一种体现。

公司业务总监云宗国说：“蒲坚董事长看到了 CIEC 的相对优势，而这些优势可以作为业务正在高速增长的中信信托公司的有益补充，实现优势互补，共同发展。”不能以一时的成败来判定公司价值，以简单的“一卖了之”方式让公司退出，而是要寻求更好的资源组合方式产生新的生产力。这恐怕就是云宗国想要表达的公司领导具有的“高瞻远瞩”。

经过 7 年的努力，实践表明这个转型是成功的。主要表现在以下几个方面：

一是实现了 CIEC 业务功能的转型。一部分具有专业知识、工作经验和能力的员工在与信托业务进行价值连接时，利用新的业务通道，做了大量业务创新组合工作，他们的潜能得到了充分的发挥，同时也为公司和员工个人创造了很好的收益。

二是将 CIEC 的研究能力与信托公司开拓创新的丰富实践进行有机地结合。蒲坚、张继胜等领导具有坚实的理论研究水平，他们一直坚持问题导向的研究风格，并带头参与到研究工作中，与王苏星、徐光磊等研究团队共同确定研究课题计划，共同著书立说，使整个团队研究能力大步提升，硕果累累。连续多年发布信托业年度报告及其他研究成果，提升了中信信托乃至整个信托行业在社会上的影响力。

信托的本质是什么？信托是为什么人服务的？这个资本主义社会的舶来品植入社会主义的当代中国，上述理念在不同的社会制度下有何差异？作为中国信托行业的领军者，我们不仅要在信托的工具品种上创新，也要在信托理论上进行创新。CIEC 的研究团队和博士后工作站人员，通过编撰论文、专业报告等形式，协助蒲坚董事长把“金融普惠、信托为民”的观念进行广泛传播，对中国特色的社会主义制度下信托理论研究起到了推动作用。

三是发挥 CIEC 在工程咨询和项目管理上的功能，为中信信托融资支持的大批房地产开发项目做现场管理工作，为防范和化解风险做出重要贡献。相对于其他信托公司，由于 CIEC 的合作，上述两项功能成为中信信托连续多年的独特优势。

四是公司 PPP 咨询业务近两年做得风生水起，已初具规模，既得到中央政府与地方政府主管部门的认可，也在业界具有了一定的知名度和影响力。可以预见，至少在未来的几年中，此项业务可以得到良好发展。

从 CIEC 当初创业时的辉煌到后面的艰难转型，“我感觉 2000 年之后，我们所做的咨询业务已经进入了一片红海。”业务总监陈胜春回忆。当年她进入CIEC时，主要抓两类项目，一类是商务部和对外承包工程商会的研究以及风险预警体系，另一类是国资委主推的全面风险管理。从这两类项目的市场变化来看，前者有政府主导，但是政府的项目经费是有限的。同时，政府对项目的主导和推动都是阶段性的。再加之CIEC掌握数据的能力已与其他公司没有太大区别，也就没有了竞争优势，因此转型对于公司来说势在必行。

变化和转型，在过去看来是特定时期解决问题的特定方式。陈胜春说："其实到现在来看，转型已经是一种新常态。由于信息传播速度加快，商业模式转变也加快，社会产业分工和互联网技术结合已发展到一个新的阶段。过去一个产品和服务很难会被淘汰，现在仅两三年产品和服务就会被市场所淘汰，所以我们要经常考虑市场的变化来进行调整。"

转型后，CIEC为中信信托设计信托方案，中信信托将方案转化为信托计划，为客户提供金融服务。当信托要在某一个领域发力的时候，可以借助CIEC做前端的咨询和研究，然后再将资金的运作融进信托计划中。

转型给咨询带来的变化是显而易见的，那么CIEC人最深切的感受是什么？陈胜春总监的感触很有代表性。

转型给咨询带来了业务收益，CIEC迅速扭亏为盈，员工的收入上去了。但是转型带来的最大变化是思维的转变。陈胜春说："我们最大的一个感触就是市场永远都是在变化的。信托业务不是固定的市场，每时每刻都在发生变化，任何一个政策出台都会给信托带来变化。市场的需求也在不断变化，只能在不断变化中抓住自己的机遇，这给我们的工作思维带来了挑战。经过这些年的历练，我们的团队已经适应了变化。我们每个人的思维都发生了巨大的改变，大家都觉得变化是常态，我们要做的是如何预判和如何抓住这些变化带来的机遇。"她说："在选择业务时，我们的视角也发生了变化。业务为什么能做起来，我们需要有宏观思考，要契合国家经济发展的需要，在微观上，在选择业务时，要充分和金融市场的需求结合；积极地研究国家政策变化给我们带来的新机遇，从新的机遇着手逐步转变到行业，转变到金融业务的创新发展上。”

管理咨询部副总经理徐光磊是1997年来到CIEC的，曾经从事过投资咨询、管理咨询、技术创新咨询、战略咨询等工作，他从事了10多年管理咨询研究工作。2009年转型后，主要从事信托行业研究。他对CIEC转型看法很直接：大势所趋。人类社会进入新的发展阶段，中国经济进入新的发展阶段，这是各行各业转型的大背景。

咨询与信托价值连接的结合点在哪里？徐光磊认为，CIEC是一个有着自己文化和传统的组织，它的优势是以咨询为基础的战略视野、咨询经验、文化传统等。这种优势与信托的强项可以形成一种互补的态势，从而组合成为一种新的能力和一种新的市场竞争优势。

业务合作的结合点在哪里？徐光磊认为，首先是以金融咨询业务为抓手，积极拓展新的金融咨询业务的范围；其次是为信托公司的转型提供智力支持，为信托公司的发展提供相关服务，完善信托公司的价值链。

聚智平台

中国国际经济咨询公司领导

目前，CIEC 已经迈出了与信托公司进行战略合作的第一步，但是通过业务合作，靠着信托业务博取一点高收益，能不能成为 CIEC 长期的业务发展模式？靠现有依托信托公司获取利润的模式能不能维系长久？这都是值得研究的。对于管理者来说，保持 CIEC 的可持续发展，就要有一个长久的制度安排。

什么领域能让 CIEC 的知识得到充分释放呢？

2014 年 5 月，张继胜调任中信集团其他部门，中信信托选派孙辉来到 CIEC 担任总经理。孙辉总经理上任伊始，CIEC 就处于新的历史条件下——中信集团在香港整体上市。在国企改革的关键时刻，中信集团扬帆出海，再度走在了改革开放的前沿，在集团整体上市的情况下，CIEC 也面临着重新定位、重新规划、重新发展，寻找腾飞之路的挑战。

CIEC 董事长蒲坚找总经理孙辉谈话，蒲坚提出，CIEC 发展最重要的一点就是要有创新的思维，CIEC 的立身之本是人才，它是一个知识聚集的平台，在这种情况下，CIEC 只有通过创新，才能够发挥其在集团发展、在国家经济发展中的作用。

CIEC 的发展过程就是中国改革开放发展历史的缩影，在 CIEC 的发展中，荣毅仁和老一代开拓者们不仅对公司的发展做出了重大的贡献，更重要的是，他们对整个改革开放的事业起到了巨大的推动作用，这个推动作用不仅仅是荣毅仁个人，参与其中的所有人都是那段历史的参与者、见证者、建功者。

在中国第一家咨询公司里，还诞生了许许多多子行业的第一家，蒲坚指出，我们要承上启下，承转未来。我们现在正在探索一条中国政治、经济、文化发展的新道路，所谓中国道路、中国梦就是要在实践过程中消化和吸收，所谓消化就是探索，而不是照搬别人；我们要想办法继续去学习和探索、去尝试、去实践。

CIEC 在创业时期就起到了一个知识集成的作用，用今天的眼光来看，创业初期就在 CIEC 这个平台上集聚了各种不同的知识，用这些知识来引导创造新的行业、新的业务。知识在创造中所占的比例越来越大，那段时期 CIEC 做的每一项第一都是创举，每一项创举都蕴含着了不起的含义，因为集聚了一批人才。蒲坚多次强调，要充分利用好 CIEC 的两大优势，一个是品牌优势，一个是人才优势。

孙辉认为，首先要保证的是公司生存发展，通过调研，他确定了“一体两翼”的发展战略：以金融咨询为主线是“一体”；“两翼”就是两个创新，一个是 PPP；一个是互联网金融。

一体两翼

知识是驱动创新的重要力量。

“一体两翼”以金融咨询为主体，既是现实之需，也是融合之基。

自2007年中国银行业监督管理委员会颁布实施“新两规”之后，中国信托业各项财务指标呈现超常规发展，信托业进入高速成长期。2004年，信托管理规模为1 498亿元，2007年达到9 358亿元，2009年达到20 557亿元，2004~2009年的5年间，信托资产管理规模平均算术增长率高达74.59%。受托资产规模超过2万亿元，信托行业进入一个新时期。2004年，信托业占银行业、保险业、公募基金管理业管理资产规模的0.45%，2009年达到2.35%，信托行业正在成为金融市场中的“主力军”。随着中国经济的发展和人均收入、资产的增长，必然带来金融产业结构的深刻变化，这种变化将促进资产管理市场的长久发展，资产管理也将成为人们生活和经济发展不可缺少的一部分，信托业的潜在需求将为未来创造巨大的创新空间。

中信信托投资公司已成为行业内资产管理规模最大、综合经营实力稳居行业领先地位的信托公司，其资产管理规模、营业收入、净利润等指标连续多年位居行业第一。同时，中信信托公司在践行信托实践的基础上，深入研究信托理论，研究在社会主义市场经济条件下，信托作为横跨资本市场、货币市场和产业市场的金融工具，如何通过信托制度安排，以综合金融服务供应商的独特优势，发挥金融资产管理、资金筹集和运用方面的独特作用，重构和优化投资的增信机制，提高资金使用过程的管理效率，构建和巩固脆弱的风险防范体系。

在研究中进行理论创新，集中研究信托集合分享机制，一种新型共有机制。在信托业务实践中，中信信托公司将信托连接金融孤岛、填平金融洼地，替代民间融资等价值，通过金融工具，公司和业态的创新，弥补了金融业中综合金融功能的缺失，突出了“无边界服务、无障碍运行”的经营理念，致力于成为企业综合金融解决方案的提供商和金融功能、综合知识的集成者。CIEC 与信托公司的“一体”将助力信托公司成为综合知识的集成者，在货币市场、资本市场和实业领域寻找结合部，开发潜在价值和市场，创造性地为客户提供个性化服务，实现飞跃式发展。

近年，PPP 成为热点词汇。PPP 在西方国家指的是公私合作伙伴关系，在中国现定义为政府与社会资本合作，这种关系的主要表现形式被称为特许权，它是一种长期合约，合约规定将土地开发权授予承包者。目前在西方国家，特许经营权已经成为一种常见的商业模式。在此，要区分政府特许权和商业特许权。商业特许权也是一种权利、义务、利益和风险的让渡，这一点和政府特许权是相同的，不同之处在于商业特许权是私营机构和私营机构之间的合作，就像 B2B（企业对企业）一样，只有政府授权的特许权才能被称为 PPP。

其实，中国近代史上不乏 PPP 之例，例如一百多年前，晚清政府的官督民办项目就是政府和民间资本合作的尝试。

从表面上看，PPP 是一种合作模式，其实是一种法律关系层面的让渡、风险转移层面的让渡以及利润获取方式上的让渡。对政府来说，它通过一定的权力让渡解决资金融通问题；对社会资本来说，这是一种以长期投资换取可观回报的过程，它应该是一种双赢。

为适应国民经济的高速发展，近年来国家大力推行以 PPP 模式开展公益性项目及基础设施建设，项目参与方包括政府部门、社会投资人、各类中介机构、银行等金融机构。为了进行项目投资决策，项目参与各方都需要从法律、项目投资效益等多方面对拟投资项目进行评价，项目的投资效益评价主要是财务评价，而这正是CIEC的传统强项。

从1981年10月CIEC成立以来，其所参与的若干中外合资（合作）项目的评价与决策、海外投资项目的可行性研究与项目评估，究其实质而论，都属于PPP的范畴。在20世纪初，CIEC为全球最大的以环境服务为主的公司，法国威立雅集团水处理服务进入中国市场做了咨询，它们所要合作的是典型的PPP模式项目。CIEC为它们做战略咨询，包括战略合作方的选择，也为它们提供了与中国政府合作的PPP项目咨询服务。

2008年北京奥运会是中国人的骄傲，作为主体育场的鸟巢见证了北京奥运会的经典和传奇。鸟巢是建筑史上的一个经典，它是不可复制、独一无二的。CIEC为鸟巢建设做出很大的贡献。当时，中信建设组成了一个投标联合体参与投标鸟巢工程，CIEC负责财务分析。正是在CIEC和中信建设投标联合体的共同努力下，国家体育场（鸟巢）成为我国第一个采用PPP模式进行建设的大型体育场项目。中信联合体中标，分别与北京市人民政府、北京奥组委、北京市国有资产经营管理有限责任公司签署了《特许权协议》、《国家体育场协议》和《合作经营合同》，与北京市国有资产经营管理有限公司共同组建了项目公司——国家体育场有限责任公司。按照特许权协议，中信联合体通过国家体育场有限责任公司拥有“鸟巢”30年的特许经营权，在30年的特许经营期中，“鸟巢”如果有盈利，政府不参与分红；如果出现亏损，政府也不补贴；30年特许经营期满后，中信联合体要保证把一个设施完好、能够举办国际A级赛事的体育场移交给政府。

CIEC已经拥有在国家特大型PPP项目中的历练和考验。CIEC投资咨询部总经理陈义正回顾，公司主要是协助中信集团联合体参与鸟巢项目投资、建设、运营等做财务测算、合作模式分析以及风险分析等。中信投标联合体作为“鸟巢”PPP项目的意向投资方，对“鸟巢”项目进行财务评价，从财务的角度分析该项目的盈利状况，根据此分析所建立的财务模型，也为投标之后与政府方的进一步谈判奠定了基础，在CIEC的精心测算下，中信投标联合体顺利中标，并为后来的发展奠定了基础。

中信集团还有一个特大型基础设施建设项目的PPP实践。

在上海浦东开发时期，浦东与浦西之间天堑变通途的“三桥两隧道”就是典型的PPP项目。当时，中信泰富与上海市政府签署协议后开工建设，在上海浦东和浦西之间架设了三座横跨黄浦江的大桥，并打通两条过江的隧道，此前，浦东是未开垦的处女地，而“三桥两隧道”开通后，浦东地价水涨船高，成为高速发展的现代化新城。CIEC刘兴业等人为这个项目做了财务分析。

我们可以将中国公共设施建设问题引用一组数据，进行国际比较。中国公共设施的存量仅为西欧国家的38%，北美国家的23%，服务水平比同等水平发展中国家还要低10%，城镇化率则比发达国家低20%。要解决这些现状，公共物品和公共服务供给是供给侧改革的重点领域，PPP则是各级政府推行的重要的实现供给侧改革的方式。

2014年财政部发布了《国务院关于加强地方政府性债务管理的意见》（国发〔2014〕43号）文件，着手清理地方债务，解决地方政府融资等问题。CIEC开始正式介入专业PPP咨询服务。2014年11月，孙辉总经理成为财政部第一批PPP示范项目评审专家。

2015年，是PPP事业发展进入大繁荣的一年，如果说之前人们对PPP的认识还比较陌生，在这一年，PPP已经成为地方政府融资的一个支点，一种常态。

在这种宏观背景下，孙辉决定在PPP领域中进行重点开发，并发挥CIEC的作用。目前，CIEC已经成为财政部、发改委、住建部三部委认可的专门咨询机构，CIEC的一些专业人员也已成为这三部委的相关专家。2015年，在CIEC的总收入中，PPP的签约金额达到2 000万元。

目前政府要求所有PPP业务都必须先做咨询，之后再将实业、金融组合起来。而中信集团成立了一个PPP联合体，被称为“聚智平台”。挖知识的金矿，中信各子公司把资源都放进去，CIEC做标准、做设计，这个品牌就做起来了。

陈义正，现在是CIEC投资咨询部总经理，他说：“咨询公司从一开始运作PPP，就决定走一条不同的道路。咨询公司不仅仅是提供PPP项目中单纯的咨询服务，在中信的结构中，成立了PPP联合体，在这个联合体中，中信的金融板块是资金提供方，实业板块作为社会投资方，咨询公司定位为PPP联合体的办公室单位。”

此时，CIEC开始成立专门的PPP咨询机构，正式开启PPP专业咨询服务。

陈义正说，这个机构从成立到现在，CIEC完成的专项和全流程的项目累计已近100个，累计签约额超过5 000万元。CIEC所做的PPP项目涉及全国各地多个行业，如基础设施、片区开发、城市轨道交通、综合管廊、海绵城市、智慧城市等。所做的项目大部分入选当地PPP示范项目库，有一些项目成功入选国家示范项目。

为客户提供一揽子综合解决方案，是中信的优势，中信通过协同机制发挥了整体资源优势和品牌优势。以这种优势，CIEC将为客户提供全方位的咨询服务和全周期的咨询服务。

针对不同的项目，CIEC会根据PPP项目要求及工作计划，安排专业咨询人员负责相关工作，并组建项目专项工作组，确保具备咨询、项目管理、工程、财务、法律等相关专业人士，根据咨询服务具体要求，适时调整相关工作人员的构成。CIEC拥有200余名咨询专家及顾问，他们大多数人毕业于国内外名校，具有金融、经济、工商管理、信息技术、工程技术等专业背景。优良的教育和多年的工作经验使他们不仅掌握国内外先进的工作方法，而且熟谙国内外的市场环境，客户也从他们具有专业水平和职业道德的咨询服务中受益。

自2014年12月“中信PPP模式联合体”组建以来，作为财政部特聘的专业咨询机构，CIEC在全国范围内积极拓展与PPP项目相关的咨询服务：在重庆，中信信托、CIEC和中信银行重庆分行与重庆城市交通开发投资（集团）有限公司签署PPP战略合作协议，进一步推动重庆轨道交通3号线PPP项目的进展；在河北，CIEC举办首批政府和社会资本合作(PPP)重点项目推介会暨首届PPP高端论坛，河北省拿出涉及城市轨道交通、机场、铁路、垃圾和污水处理等领域32个PPP推介项目，投资总额达1 330亿元，在这次会议上，石家庄正定新区综合管廊等7个PPP项目实现签约，投资总额达168亿元，CIEC已经为5个项目提供了咨询服务，CIEC国际化、专业性的服务品质受到了当地政府方和社会资本方的高度肯定；在沈阳，孙辉率领周勤等PPP专家团队为沈阳市主要领导举办了题为“政府与社会资本合作（PPP）的政策理念和实践操作”的业务专项讲座；在云南，CIEC与玉溪市海绵城市建设牵头单位——玉溪市规划局，就玉溪市海绵城市项目的咨询服务签署了《玉溪海绵城市建设申报方案咨询服务合同》。根据协议，CIEC在玉溪海绵城市试点项目的PPP模式设计与运用、整体项目建设运营模式等方面提供专业化服务，包括PPP项目咨询、金融咨询、管理咨询、工程咨询等。CIEC的PPP团队吸纳博士后贺洋，共同接受玉溪市规划局委托，做了“玉溪海绵城市申报方案咨询服务”。这个咨询方案成果得到玉溪市政府的高度认可，并使玉溪市海绵城市试点项目列入财政部、水利部、住建部第二期示范项目之中。

孙辉说：“从2014年开始，全国都在推广PPP这种操作模式。CIEC正好占领了先机，进入首批财政部的5家示范项目，我们在市场上也充分运用了这种先机及中信品牌这个综合优势，使我们的业务得到了蓬勃发展。”

中信 PPP 联合体协同营销河北省首届 PPP 高端论坛

除了占领先机，在全国打响是否还有其他优势？孙辉认为，当信托在某个领域发力的时候，可以借助 CIEC 做前端研究分析和咨询业务。她说，形成相对的专业优势，体现出咨询和信托价值连接战略决策的正确性，咨询加金融综合服务，再加上信托运作的协同架构，进行了全链条运作，使中信在平台上搭建了其他机构难以媲美的综合优势，咨询和信托在 PPP 项目上的嫁接已渐入佳境。

经过一年的努力，PPP 咨询业务的发展获得了来自政府部门和社会资本的广泛认可，成为公司的重要业务之一。“现在 CIEC 已经成为一张名片，成为政府的顾问了，不少地方政府都问我们能不能满足它们的 PPP 要求，有些地方政府还希望提供交钥匙工程，它们说，它能带来实业投资，将来能够进行融资就更好了。”孙辉说。

2016 年，由中国投资协会项目投融资专业委员会、中国采购与招标网、中国名企排行网联合主办了 2015 年度中国 PPP 咨询服务机构评价推荐活动。活动历时 4 个多月，经过行业分析、定向邀请、企业报名、资料提交、网上公示、网上投标、社会评价、数据核对、综合评审等阶段，遴选出 2015 年度 PPP 咨询服务机构百强。最终，中国国际经济咨询有限公司荣获“2015 年度中国 PPP 项目咨询服务机构百强”企业。

这么精干的团队，他们付出了什么样的努力才能做出这样骄人的成绩？陈义正说，所有参加 PPP 项目的同事，不仅奔波于全国各地，还把加班变成家常便饭，有的甚至放弃休假，放弃家庭团聚，全身心投入到项目中。周勤博士、唐宪伟和田鹏、蔡润彤、余彤等均长期出差在外，有时经常一周去几个不同的地方出差。

CIEC 专家委员会主任罗学富教授倾其所学，将 PPP 技术环节中的诸多难题一一给予解答，以宽容、开放的心态将知识传授给每一个从事 PPP 的人，作为曾供职于清华大学的教授，罗学富对于蒙特卡洛模拟在 PPP 项目中的应用见解独特，但他却将其无偿贡献给 CIEC 的 PPP 团队使用。PPP 团队获得的一些名声与他的无私奉献分不开。

在财政部全面推广 PPP 模式时，很多实务工作者对推广运用 PPP 模式产生了不少疑问。

凯恩斯描述经济学的一句话就曾被贾康等专家用来描述 PPP：PPP 不是一种教条，而是一种方法，一种心灵器官，一种思路的技巧，帮助拥有它的人得出正确的结论。

为什么目前政府把 PPP 发展放到一个战略的高度来推动？

周勤博士是 PPP 研究的资深专家，她曾经著书立说，进行过很多专业研究。她说，实务工作者会认为 PPP 并非新事物，比如过去用 BOT 的方式修建道路，中国在 20 多年前就采用 BOT 模式了，为什么国家现在大力推动 PPP？工具是一样的，而使用的目的地不一样，就好像你同样开一辆车，你的目的地不一样，你走的道路、旅程肯定是不同的。她认为，过去我们做BOT，更多的是为了融资，现在做PPP更多地要有专业化、精细化的过程管理。

周勤的分析恰好说明了PPP的管理作用，而非单纯项目融资。作为一种管理模式，周勤强调了PPP是一个过程，对此，有业界人士将PPP形象地比喻为是一段婚姻，而不仅仅是一场婚礼，其实质是说，PPP是两个人在一起相伴过日子的全过程，这个过程是要经营、要进行婚姻管理的，而不是一场热热闹闹的婚礼形式。

中国国际经济咨询公司承做的PPP项目专家评审会

PPP由原来的项目融资发展为现在的管理项目模式，这使得本来就已经十分复杂的PPP变得更加不容易掌握。因而，周勤认为，过去我们做BOT针对的就是那一条要修建的路，今天需要的是一个综合的服务解决方案。做PPP是一个系统工程，需要培养出一批专业的机构，让专业的人做专业的事。显然CIEC与PPP业务能够整合，这也是CIEC做出了成绩的一个重要原因。从引进外资开始，CIEC积累了35年丰富的经验，丰富的专业知识，因而可以将这个PPP业务定位为“既往”，目前在做的是“继往开来”的实践。现在需要形成一个集中的、凝聚的、具有综合性竞争优势的这样一个时代。CIEC有“既往”这样一个历史传承和禀赋，又有“开来”的一个独特优势，中信集团的综合优势是我们的与众不同点。2014年12月，在中信集团成立的PPP联合体中，若干金融机构组成资金提供方，而若干实业子公司组成社会投资方，CIEC作为第三方，更多地起到了协同作用，因而把CIEC定位为PPP联合体办公室单位，与社会其他中介机构的竞争优势在于，中信PPP联合体是金融与实业并举的协同发展。

一体两翼中的另一翼：互联网金融也已启动。

现在从PC到移动互联网，实现了一种跨越式的发展。在这种跨越式的发展中，CIEC怎么定位？能不能实现我们的弯道超车，这是孙辉在谋划“一体两翼”时反复思考的问题。

信龙是CIEC下属的一家老公司，1993年成立后一直闲置着。2015年，CIEC把信龙改制，并引进领军人物杨巍，担任信龙公司的总经理。杨巍原来是中融信托的副总裁，1978年出生，她一直想构建“互联网+金融”的平台。中信集团是全牌照的金融控股公司，有强大的支撑作用，这给她带来很大的机遇。

“整合资源，打造平台，重塑生态，提升行业效率”是新生的信龙的使命和目标，信龙将借助“互联网+金融”的方式，办成一个让金融知识走进千家万户的专注于金融教育的互联网公司。

“在互联网这样一个内容为王的时代，首先要做的是尽量去打通金融信息传递的通道，建立起金融投资人和金融投资管理人之间直接的连接和对话。”信龙（北京）网络科技有限公司总裁杨巍认为，针对金融这个领域，怎么跟互联网相结合，这些年来有很多的尝试，当人们尽量去打通金融信息、传递通道时，发现需要建设起金融投资者和金融投资管理者之间直接的对话通道，信龙提出，让中国的投资人实现轻轻松松学习，明明白白投资这种基本诉求。例如大众投资者能够在他们的平台上，根据他们自己家庭的理财需求去了解每一类金融投资的特点，如何在他现在的理财结构中进行合理配置，有什么新的投资机会和品种，投资风险在什么地方等。而这些需求将以金融课堂或者金融知识的产品形式直接呈现推送给用户，他们所享受的服务将是有需求的金融基本投资知识及生活中的金融知识的传递。同时，在平台的另外一端，他们聘请了中国最优秀的投资管理人、中国最优秀的金融服务机构，把他们的经验、知识、对行业和对产品的理解都真实地呈现给用户。

杨巍表示，我们的定位是，做中国金融垂直领域最好的内容提供商。这个目标的实现基础是做最好的内容平台。

这个平台要保证有一定的独立性和公正性，因此，各金融机构并不是把其主业在平台上展示，成为一种软广告，而是聚集于金融和投资实际知识的传播，实实在在地进行互联网金融教育产品的提供。

我们的品牌叫“金V说”，VIP的“金V说”，也就是“听我说金融”。

“金V说”是中信集团旗下的投资智慧分享平台，以“一切为了让投资更简单”为使命，不断整合各类高端金融投资智库资源，发掘海内外一线实操投资人，同时借助互联网传播和线下活动方式，将他们的知识和经验分享给广大投资用户。

截至目前，“金V说”的内容设计已涵盖金融投资领域各大板块，其品牌影响力将会深入全国各地及部分海外城市，能够与多家权威金融机构、知名商学院及活跃企业家社群成功开展线上线下合作。

互联网金融，缺的是想象力和内容，不缺的是机会和财富。

有特色的咨询与研究

35 年前，CIEC 的创业者们就已经在改革开放的起跑线上高举科学发展观的旗帜，在现代化、国际化的发展道路上，为科学发展进行知识的集成，用这些知识来引导和创造崭新的事业。

在创业时期，CIEC 并没有照抄照搬，在引进、消化、吸收的过程中，就决意利用外资探索一条适合中国发展的道路和模式，他们在创新的同时，对人才的吸收、储备和培养做了很多工作。承上启下，承转过去和未来的事业发展。新一代的领导在新的历史环境下，构筑人才队伍建设平台，成为专业研究的带头人，创造了前所未有的理论结合实务的研究氛围和环境。

CIEC 在转型和中信信托的价值连接中，是不是会与信托同质化，还是扬长避短，继续发挥其独特的咨询和研究功能？在转型中，张继胜总经理说："作为一家央企，我们不能缺少研究功能，对企业自身的战略研究，对国内外市场的研究，我们必须有这样的眼光和魄力。集团是要为增强研究功能创造机会、搭建平台的，这样才能吸引高端研究人才，提升咨询水平。"

徐光磊在 CIEC 工作了近 20 年，有着 10 多年战略咨询和管理咨询的经验，为中石油等大型国企构建科技研究中心设计了多种层次、多种类型的方案。那时，他就系统地研究了大型国企应如何加强战略管理研究，他在研究中提出，战略管理研究是制定发展战略、实施战略管理的基础和前提条件。而成功的企业与其长期重视战略管理研究、制定与时俱进的发展战略、实践战略管理密不可分。

CIEC 必须具有洞察力和行业先见，以开阔的视野预测未来，通过咨询，帮助企业提高对行业发展和竞争对手的分析，这是真正的创新型战略管理工作和企业发展所必需的。由此，CIEC 必须加强自身基础研究工作，建立长期持久的对市场与行业的敏锐观察和判断，拥有高水平的认知。

咨询和学术研究的竞争，是信息竞争、知识竞争和专业理论竞争，本质上是创新的竞争，创新能力的竞争。

在有着丰厚资源、拥有国际品牌、拥有良好基础的 CIEC 发展的兴衰转变过程中，需要有更深刻的反思，也需要对软实力竞争有清晰的认知。什么是这种智力型企业的核心竞争能力？有竞争能力就要有独占的信息优势和知识优势，而谁有信息优势，谁就有“话语权”，谁有知识优势，谁就有影响力。

未来，CIEC 增值的地方之一，应该就是和其公司的名称相符，在咨询方面有所突破，有所创新。蒲坚董事长说，咨询是一个很高尚的事业，也是一个很高端的行业。但是，咨询的基础是研究工作，没有研究工作，咨询就将变成无水之源，无法持续发展。

“研究的领域越来越宽了。”这是从事过多个大型国企管理咨询项目的张巨峰的体会。他举了一个例子，他与长期的老客户中石油一直是围绕科技体制改革等范围进行研究，而现在有所改变，他开始与中石油在研讨金融如何支持石油行业科技发展的事情，在为行业做战略提示时，他也会将企业的融资等问题充实进去，将 CITIC 的优势嫁接进去，他自己感觉为大型国企做咨询和研究，使自己的能力和咨询服务水平得到了提升，而过去他只能做一般的管理方案。张巨峰说，10 年前做咨询，我们还可以更多地拿书本上的理论知识与客户忽悠一下，客户感觉很高深。现在你再忽悠，他一脚给你踹回去。为什么呢？企业都在成长，人才辈出，比你水平还高，你的知识面，你的理解程度，你的智慧必须比服务对象更高。这很现实。

除了自身知识能力的聚集，CIEC 还需要将企业客户不具备的资源进行叠加和组合，形成相应的综合能力。

从事管理咨询工作的吴兰对咨询事业情有独钟。她说，管理咨询非常有意思，可以改变你看世界上所有事物的角度和深度，需要不断创新，让你发现有趣的东西，而这些有趣的东西可以给客户带来无限的价值。当你刚开始访谈时，企业高管层往往对你有质疑的态度，但是当你的咨询报告得到客户的认可和真心钦佩的时候，你就会有非常强烈的满足感。CIEC 的强项应当是研究能力、创新能力、学习能力、管理能力，对市场的判断和敏感度。吴兰认为，没有经历过管理咨询方面的训练和实践，不一定具有不断学习和钻研的精神，不一定具有这方面的综合能力。她认为，CIEC 和信托公司的结合点应该体现在业务创新的研发与设计、市场研究、后期深化管理方面。

1+1>2 的效应能否体现，靠什么去体现？这是大家一直关心的问题。在业务发展上，CIEC 经过几年的转型，已经出现了蓬勃生机，收入指标一直在上升，而蒲坚董事长对 CIEC 寄予的另一种期望是整合公司的研究能力、创新能力，使其达到一个新的高度。

蒲坚是一个具有学者型气质的领导。他给众人的印象是很知性、很有理想，具有很强的创新能力，有很强的理论偏好，一直在孜孜不倦地钻研各种专业知识。蒲坚曾经在多个场合的讲话中提及 CIEC 的历史，都是深怀敬意。他为什么要重组这个公司？“这么一个公司承载着这样厚重的历史，这样辉煌的历史，我们不能切断它的历史脉络。”蒲坚说：“现实中我感觉也应该需要这样的公司，因为我们更需要知识，更需要咨询，更需要有更高知识结构的人去满足更高层次的需求。”在互联网时代，已经不像传统咨询中要做更多的信息咨询，有很多信息和一般性的专业知识，上网一查就可以知晓，例如税收制度方面等专家就可解决很多税收的问题，自由交换知识是互联网的特点。在信息不对称的时代，传统咨询就做了很多一般性的信息咨询工作，我们以前在咨询公司称“知道就是力量”，现在知道已经不是力量了。从某种角度说，知识也已经不是力量了，知识的获取越来越廉价了，但是知识能产生智慧，并不是每一个人都能把知识变成智慧的，解决问题最后靠的是智慧，思想是不会从互联网上产生的，还是要从人的脑子里产生。CIEC要做这样的智慧聚集的平台，这种需求是不会分朝阳产业和夕阳产业的。

如果以知识为原材料的公司，仍在怀疑它们有没有未来，那么它仍然会经营不善。蒲坚认为，我们需要增强组织能力，设法把分散的知识有效地集中统一起来，与目标市场去对接。他说，知识是分散在每一个人脑子里的，不同专业、具有不同知识的人来到这里，将知识综合聚集在一起，这是咨询公司最宝贵的财富。我们的领导力在于让每一个人自觉地、毫无怨言地把他的知识释放出来，发挥作用，无论是公司之间，还是下面的团队、个人之间，让他们的知识无障碍地、无边界地实现对接和交流。

事实上，CIEC的业务团队已经推动起来了。滦长涛、廖凤霞、陈义正、周勤、唐宪伟等人都做得很好，他们就是用知识抓住了当今最需要的东西。

蒲坚说，我们从10多年前就提出，信托公司是综合金融解决方案的提供商，而CIEC的未来一定要发展到综合服务解决方案提供者上去，这就需要公司不断创新。

在当今的时代，知识的内涵已经发生了巨大的变化。而知识的内涵是驱动创新的本质力量，它需要不断更新，需要提供思想方案、提供知识方案、提供创新方案。因此，以知识作为原材料，以知识创新作为使命的CIEC，必然要进行人才建设、知识储备和积累，抓住当前最急需解决的问题，发挥我们的知识储备优势去帮助别人解决问题。是否以问题为向导，是否能够更新知识，这也是CIEC面临的真正挑战。

如何应对人才和知识储备的挑战？博士后工作站执行站长周萍教授说，CIEC采取了两方面的措施：第一，在现有专业实践中，投入研究力量，为信托和咨询业务做研究；第二，成立博士后工作站，培养专业人才。

博士后工作站出站答辩会

受信托公司的委托，从2010年以来，CIEC编写了《中国信托行业报告》（金皮书三部曲），由徐光磊、王苏星、吴兰、杨乐群主笔，这几份报告均属于中国信托行业高质量的报告。CIEC还对2010年中国信托业发展前景进行综合评估。在2010年《认知改变信托》的报告中，分析了价值和信托，对信托的经济价值、政治价值、社会价值三要素进行了分析，加深了对信托的认知。在此报告中，第一次公布了CIEC中国信托业综合指数和发展指数。为了更好地理解信托业发展环境和经营状况，CIEC开发并编写了以CIEC命名的中国信托业综合指数，期望从一个独立、客观和全面的角度来认知信托业每年的业绩，来认知信托业未来一年运行的主导方向、机会和风险，给中国信托业提供了一个解决未来前景的参考工具，对2009年中国信托业运行环境和信托公司业绩进行了评估，整个评估由宏观、行业、公司3个层面组成，共168个指标。

2011年，《中国信托行业报告》从对信托的价值认知步入了对信托实践的理解。围绕信托业主业展开，对资产管理进行了全面的对比分析，报告再一次对中国信托业进行指数评估，用数字来表达信托业的发展和未来前景预判。2012 年，《中国信托业报告》对信托业未来财富管理的商业模式，包括 4 种经营模式进行了讨论。

以上 3 份高质量的行业报告，使中信站在了中国信托行业的研究前沿阵地。在此基础上，CIEC 的研究团队在蒲坚董事长、张继胜总经理的直接领导下，陆续出版了《论信托》《组织的制高点和命脉——复杂科学视角下的组织化》《第三次金融革命——复杂性科学视角下的金融进化》等信托专著，咨询的研究水平迈上了一个新的台阶。

2010 年，CIEC 成立了博士后工作站，这可是一个新生事物，当时企业办博士后站本身就很少，作为咨询公司要办博士后工作站更是少之又少。建立博士后工作站是蒲坚董事长的构想，显然，他有更长远的构想。蒲坚说：“以知识作为原材料，以知识创新作为使命的咨询公司，要走向全球化，国际化，要到更大、更广阔的范围去施展，因而我们就要进行人才建设，知识建设，知识积累这个过程。”

博士后工作站第一届博士后出站

现任博士后工作站执行站长周萍教授说，提出这个设想，有两个原因，一是人的智力是最宝贵的资源，信托公司和咨询公司都是一个轻资本的机构，核心资产是高素质的人才，人是最重要的资源。当时中信信托一路高歌猛进，勇闯10亿大关，公司上下多关心眼前的业务，而蒲坚却关注具有长效性和创新性的公司发展问题。二是中信信托已经与CIEC进行战略合作，CIEC在历史上具有非常多的第一，有着深厚的研究基础，但是在发展过程中遇到了难点，尽管如此，CIEC的历史积淀和知识的聚集是值得尊重和挖掘的。如何注入一些新的研究血液，再次将这智慧的池水激活。建立创新型的研究机构，培养高端研究人才，同时为未来构建一个智力资源库进行准备，博士后工作站的想法就是在这样的背景下应运而生。

在时任执行站长车耳的积极联系下，引入了北京大学光华管理学院为博士后站的战略合作伙伴。工作站聘请了多名经济学、金融学及法学领域的知名专家学者进行指导。第二年，两位博士后进站了，新的问题马上出现了，到底是定位学习，还是定位工作？对此，蒲坚给出了具体指示，博士后工作站是智力聚集部门，要充分发挥知识引领的作用，以研究实践工作为主，并对接相应的业务实践，用理论来指导实践。基于这个思路，车耳带领这两位博士后一边完成公司现有研究课题，一边开始在中信信托的业务部门轮岗，从中提升相关理论和规律研究。

自创立以来，坚持理论与实践相结合，以理论指导实践，实践检验理论，成为办站的原则和特点。开拓创新，日益进取，创造性地开展工作，形成了较好的博士后研究机制和工作体系，培养了一批具有独立科研能力和实干精神的复合型人才，在促进公司业务创新与可持续发展中取得了显著成绩。

截至2016年5月，CIEC共招收6批40名博士后进站工作。

在学习与业务实践相结合的背景下，博士后工作站开始和信托业务实践进行了紧密联系。也就在此时，蒲坚站长提出了他多年考虑的课题——土地信托。于是，工作站刚成立就参与了蒲坚直接研究的土地流转课题。

为什么博士后站会花大力量去研究土地信托化改革，去研究土地流转问题？土地是人类安身立命之本，是“一切生产和一切存在的源泉”。土地改革自古以来就是中国最大的难题，这也是推动国家大发展、大转折的根本动力。中国改革的序幕就是在20世纪80年代从安徽农民承包土地拉开的。

当下土地问题依然关乎国家命运。而中国经济发展的根在城市，中国现代化的稳定器在农村，只有农村成为现代化的稳定器与蓄水池，中国才能避免一般发展中国家出现的社会失序和政治不稳定。然而，中国不可能设计出一套一劳永逸的土地制度，改革必须来自当前农村生产力发展的需求。土地利用率低下，土地资源无法优化配置、农村劳动力大量流失，土地财富难以实现增值等发展难题，仍然广泛存在。农村土地流通是农村经济制度改革的核心问题，是现行三农制度安排中重要的问题，它从根本上影响农村生产力的提升。土地确权和土地流转也是当前农村改革中争议非常大的难题。找到一个实际可行的土地改革的切入点不是一件很容易的事情。但是，蒲坚具有运用金融工具破解难题的勇气，他带领博士后在市场上进行探索创新，又组织中信信托成立了金融实验室，研究和设计相应的金融工具和品种，并率领中信信托在黑龙江等省份的广大农村展开了试点，进行土地信托化改革。

土地信托化就是以全新的思维将信托理论引入社会主义市场经济之中，来解决土地的确权和流转问题，它是撬动土地改革的杠杆，试图从土地信托、土地流转到财富增值来破解“三农”问题，这个课题研究的重大意义不言而喻。蒲坚认为，其要义在于，确立社会主义“共有制”的理论逻辑，兼顾公平与效率、社会主义基本原则与市场配置资源的活力，突破了传统非公即私的所有制局限，通过对土地所有权、使用权、收益权的法定分离，激活土地国有的金融资本属性，建立土地资本与劳动的包容性生产关系，使土地成为可携带的财富，转变农业生产方式，与农民共同分享深化改革的成果。

土地信托课题组和信托业务实践紧密联系，由2012年刚进站的博士后周萍负责，在前期调研过程中，周萍和业务团队走了多个省市，并参与了数十个试点项目调研。2013年11月，蒲坚的专著《解放土地》正式出版，该书荣获“2014年度孙冶方金融创新奖”，孙冶方经济学奖是国内最高荣誉经济学奖，这部著作之所以获得如此殊荣，在于其理论创新，在于其紧密结合中国改革中的难题，以改革的新思路进行破解和阐释。孙冶方经济学奖不仅是对蒲坚研究成果的肯定，也是对博士后工作站的研究方向和研究成果的肯定。

随即，蒲坚又领导研究人员投入了新的课题研究——养老信托。

中国已经进入“银发时代”，这为经济发展的新常态，平添了老龄化的新变量。

“养老是一个既老又新的问题。说它老是因为中华民族有孝老、尊老的文化传统，说它新是因为养老问题犹如太行峭壁，奕奕而来，由老龄化所带来的人口压力、经济问题、社会矛盾，使我们不得不跳出围城看全景，从以人为本的高度来思考养老所反映的社会问题及解决方案。”这是厉以宁教授对本课题立意的充分肯定。

厉以宁教授对中国信托业的发展是有贡献的，20世纪90年代，信托业经历了几次全国性大整顿后，企盼立法，企盼回归本业发展。1997年，厉以宁担任第八届全国人民代表大会常务委员和法律委员会副主任期间，和其他一些全国人大常委委员一起呼吁立法机构加快制订信托法制度，此后厉以宁教授一直关注着信托业的发展。

当中国经济增长的脚步放慢而进入新常态时，老龄化又令人措手不及的到来，为经济发展新常态平添了新的变量，13亿多人口社会中有2亿多“银发”老人，社会存在太多方面无法解决和无法应对的难题。蒲坚认为，“要想找到解决办法，必须在中国自己的制度逻辑和现实国情中寻找原因和药方，必须在中国社会大转型过程中，在以共同富裕为指向的有共享价值追求中汲取力量，找到出路。”传统社会的养老模式已经无法应对老龄化社会到来之后如潮的需求，针对这个重大的民生课题，蒲坚提出将养老列入信托新的课题研究方向，从生命信托的理论创新和业务实践两方面进行探索。

厉以宁教授非常赞同蒲坚对生命信托的研究，他认为，问题的解决之道往往存在于问题的原点，生命的问题要用反映生命本质的工具来解决。回归原点找办法，突出养老困境的工具就在生命信托，而作为生命信托的子产品，养老信托链接养老和信托两个产业，沟通两个产业之间的内在联系，正是解决中国当下养老问题的可能选择之一。

尹隆博士曾在北京大学光华管理学院博士后流动站、CIEC 博士后站从事博士后研究，目前在中信医疗健康产业集团任职，从事机构养老和医疗产业投资基金的工作，他对养老产业有系统的理论研究，因此他在博士后研究课题中集中进行理论探索，试图在养老困境中找到更加有效的突围方式，并试图用信托方式解决这一难题，如何进行信托产品创新，以“养老”为核心，整合金融、养老、医疗、地产、教育文化等多个领域，设计和提供一站式养老服务等新的产业格局。

随后，蒲坚和尹隆合著《解放生命——生有所信，老有所托》一书，于 2015 年出版，在这个著述中，更为深入地研究了“解放土地”中论述的“共有制”思想，开创性地提出了人是物质性、社会性和知识性耦合的“三性耦合论”。提出如何将生命信托构建成为反映社会主义本质要求的新型生产关系，实现新型生产关系和生产力的包容性增长。以此为基础，作为生命信托理论实践化的最新成果，还全面展开了对养老信托理论、市场、功能、产品、定价、发展路径等问题的研究。

这本高质量的研究著述作为中信改革发展研究基金会组织编写出版的《中国道路丛书》第一本学术著作，并被中宣部、中国老龄委共同推荐评选为“2015年向全国老年人推荐优秀出版物”。

2014年7月，孙辉出任CIEC总经理之后，提出了“一体两翼”的发展模式，PPP正式进入CIEC的研究视野。此时，博士后工作站的研究就更多地立足于咨询行业。新进站的周勤博士为主要研究课题负责人，她与CIEC的陈义正团队共同研究开发PPP项目。

“十五”规划纲要指出，要进一步放宽基础设施、公用事业等领域的市场准入限制，采取特许经营、政府购买服务等政府和社会合作模式（PPP），鼓励社会资本参与投资建设运营。这是首次将PPP列入了国家五年规划之中，由此PPP发展驶入了快车道。

2014年12月，博士后站与CIEC业务部门密切合作，成立了一个创新的业务部门，将前期的研究工作与后期的业务工作进行了有机结合，一起摸索，直接到市场上去开拓业务。2015年，中信银行的机构部在各地组织PPP的高端论坛，邀请CIEC专家去讲课，吸引了很多政府的客户，为后来的业务拓展打下了基础。由此形成了一种高端的培训活动，市场营销变成了从培训开始。

有一场网络培训活动是在沈阳安排的，那里的网络接收信号很差，周勤说，当时她在现场看到系统上出现很多的弹幕，这说明网络被卡住了，大概长达40分钟。就是在这样的状态下，在线还有400多人坚持听课，这是连当时主办方都没有想到的情况，真可谓如饥似渴。从这一次开始，CIEC的讲课之路就拉开了帷幕。此后，讲演的场次愈来愈多，而有些听课者的规格和讲课的规模都是没有想到的。

2016年新年伊始，CIEC的PPP团队就奔波在到各地讲课的路上，1月在沈阳举办了一个培训的视频，3 月又连去沈阳两次，不仅是辽宁省财政厅，包括沈阳市政府整个 4 套班子，都收看了培训的视频。同月还去兰州讲课，5 月份再次给沈阳市政府 4 套班子讲课，而且兰州和沈阳在讲课当天都上了当晚电视新闻的前两条。这种效果是前所未有的。

一种传授新知识的模式正在启动。政府官员也是需要有知识储备的，包括他们在推行新的政策时，仍然需要有研究，有知识的体系化问题存在，并非所有问题都能拿到谈判桌上解决，让别人认知你的能力也不可能再靠传统的宣传和自我推荐方式。

中国国际经济咨询公司专家为相关单位做 PPP 培训

用什么方式能够达到最好的宣传效果？周勤在大学当过 6 年老师，她把政府和咨询公司的关系转化成师生的关系，通过提供培训进行直接的知识传递和交流。而在中国的文化体系里，师生关系很多时候是非常坦诚的，传授的过程也体现出权威性，受到尊重，与一般性的市场营销传递的信息与知识层次有很大差别，同时没有商业化成分。能够把未知的知识进行结构化，然后转授成已知的东西，注重知识的客观正确传递，而且具有学者讲授的权威性。

博士后工作站参与到PPP项目中，还解决了一些难度大的项目，这些项目需要在短期内进行突破性研究。一个比较典型的案例是对“海绵城市”的研究，它突出体现了在PPP业务开展中博士后站如何更多地发挥研究作用。

从云南省玉溪市政府委托的海绵城市申报项目接手，到最终完成这个项目，仅用了26天，该项目工程非常复杂。这是一个大活儿、急活儿，也是一个难活儿，要在非常短的时间内像海绵城市那样把雨水吸进去，再释放出来。而对于做此项目的每一个人来说，也都是要像海绵一样瞬间吸收很多知识，然后再对很多信息进行辨析、判断，找出它的走向，寻找最合适的一套方案。通宵达旦4天，年近七旬的罗学富白天黑夜地写方案，到后半夜腰实在疼得受不了，就在人家工作台上躺一会儿。这是一个合作系数非常高的团队，大家这样拼命，使这个项目获得了非常好的成绩。

2015年，财政部出台了以中央财政对海绵城市建设的支持性文件，每年对海绵城市建设试点给予专项资金补助，1至3年，直辖市每年6亿元，省会城市每年5亿元，一般城市每年4亿元。对采用PPP模式达到一定比例的，将按上述补助基数奖励10%。全国各城市积极争取进入试点城市申报。2015年共有130多个城市申报，2016年第二批申报开始评审，CIEC承接的咨询服务项目总投资为42.05亿元。CIEC进行试点项目PPP模式设计与运用，整体项目建设运营模式设计，PPP项目咨询，包括金融、管理、工程等咨询。咨询报告得到市政府高度认可，使玉溪市在全国海绵城市建设试点城市申报工作中，顺利通财政部、住房城乡建设部和水利部的两轮联合审评，在部委示范城市申报中，此项目获得了综合评分第四名的成绩。

在PPP专项上，博士后站在难点热点领域展开系统性、前瞻性的专项研究，增强了博士后工作站与业务部门的互动，一方面促进了博士后研究的落地，另一方面为业务部门提供了智力支持。博士后站贺洋等在项目申报完成后，继续对海绵城市建设的相关问题展开了深入的研究，同时，联合北京大学光华管理学院共同申报了2016年度国家社科基金重大项目“海绵城市建设的风险评估与管理机制研究”，更多地发挥博士后工作站在PPP前瞻性研究中的作用。

2016年7月，蒲坚、孙辉、车耳、张偲合著的《PPP的中国逻辑》出版，书中提到：“我们不能把PPP当作与之前不同的融资模式和偿贷手段，而应该将其视为一种从项目融资到全面管理再到综合治理的模式。它在中国经济转型过程中，形成了一个制度创新的链接。”书中还进一步指出，随着关于PPP的各项立法先后出台，PPP已经以顶层设计的形态介入体制改革与经济转型的历史大幕之中。

在中信集团多领域多行业的优势背景下，CIEC博士后工作站与集团多家子公司全面协同合作，优势互补。如与中信医疗健康产业集团有限公司拟开展的研究，内容包括社会资本投资医院的运营体系和管理制度研究、新技术对医疗产业的影响、互联网+医疗产业等。工作站和中信集团内其他子公司开展的各种类型的合作也在顺利进行中。同时，CIEC博士后站的博士后大部分加入了中信改革发展研究基金会，担任青年学会研究人员，参与到基金会开展的中国改革发展重大课题的相关研究工作。

2016年，博士后站改由中信信托和CIEC共同管理。博士后站与中信信托金融实验室在周萍教授的统一协调下，二者均出品同质化的研究成果，两个部门功能互补，中信信托金融实验室明确了“业务务实，研究落地”的发展定位，CIEC博士后工作站立足“依据宏观视角，从基础学科入手，研究前瞻性、导向性、现实性问题”的发展定位，在紧密联系实务操作的基础上，探求业界前沿热点问题及发展变化的一般规律，反哺业务实践。CIEC 将与博士后工作站、中信信托金融实验室密切合作，功能互补，合力打造中信信托的大研发体系。

蒲坚董事长在 CIEC 工作会议上讲话

业务结构的安排，毕竟不能代替一个公司的战略定位。“我们现在缺少的是研究能力，不仅是市场研究能力，更缺少战略研究能力。”在中国实行对外开放、让外国投资企业进入中国市场的时代，CIEC 契合了中国企业吸收外资的需求，改制的需求。今天很多企业走出国门，走在“一带一路”的筑梦之路上，它们面对的是全球化竞争的挑战，如何针对各种挑战做出正确的形势判断，做出正确决策，需要大量的决策信息、决策知识、决策智慧、决策战略的外脑咨询。这是很多央企的共识，反映了中国企业在发展过程中对提高软竞争力的思考和需求。然而，提供新的知识和智慧将是 CIEC 面对的新挑战。

什么是战略定位，CIEC 担当了数家大型企业的战略顾问，可以非常专业地谈论这些问题，而今天却真要扪心自问，考虑自身的长远战略定位。“不谋全局者，不足以谋一域。”不能主动、自觉地研究中国经济发展进程中带有规律性的趋势，不从全局出发，只考虑眼前的单向业务，势必又将陷入“低头拉车不看路”的老路上去。咨询企业之间的差异和差距，本质上是知识的差异和差距造成的，主动更新知识结构，逐步丰富知识体系，不断积累知识资本，不断运用知识武器，将是咨询企业常青之本。

CIEC所走过的道路是一个不断以知识创业的过程，即以知识资本、智力资本创造知识价值、智力价值，进而不断形成知识财富的过程，之后形成了智库发展的基础，将战略发展目标定位于高端智库应当是不二的选择。

中共十八届三中全会通过的《中共中央关于全面深化改革若干重大问题的决定》明确提出，加强中国特色新型智库建设，建立健全决策咨询制度。这是中央文件首次提出“智库”概念，毫无疑问，高质量的智库是国家软实力的重要组成部分，如今智库已经融入国家决策的开放性平台之中，成为中国政策决策体制的一部分。

所谓发展智库，本质是提高软实力。智库需要不断明晰定位，不断提高自身的核心能力。

新型智库不仅要达到技高一筹，而且要独树一帜。开创一条独特的研究之路，保持研究的“原则性、前沿性、权威性”。CIEC在向新型智库迈进的过程中，不仅要具有专业化、知识化的特点，还要形成一种学术为本、应用为（目）的、独具特色、高度认同、共同追求的智库文化。

智库又称思想库，它是一种特殊的生产知识和思想的组织，创新思想、创新理念、创新专业是智库最重要的产出，通过发展和变革的系统化、理论化，将研究成果转化，提供一流的咨询服务。

智库不是学术海洋中的一座孤岛，而是多层次学术交流的平台，是知识成果转化的平台，还是科研资源综合利用的平台，通过在咨询研究中不断整合科研资源，形成科研能力。出思想是智库最重要的功能，也是最难的创新。

中国改革开放后，各类专家参与决策所发挥的经济咨询作用越来越大，中国国际经济咨询公司应运而生，在中国第一个创造和推动了以现代公司的形态来组织构筑的咨询行业，推动了决策的科学化、民主化、制度化，迎来了“咨询决策时代”，反映了社会重现知识，重现科学治理国家的重大进步。

CIEC 在二次创业中的起点更高，要求更高。随着“智库咨询决策时代”的来临，意味着一个国家的崛起，要充分发挥软实力作用，这为 CIEC 发挥更大作用带来机遇，CIEC 将在改革开放和现代化建设的历史进程中继续扮演“先行者”的角色，始终走在中国经济发展的前沿。

把历史变为我们自己的，我们遂从历史进入永恒！

主要参考文献

[1] 《我与中信：1979—1989》，北京：中信出版社，1989 年。

[2] 温晋平主编，《我与中信：1979—1994》，北京：中信出版社，1994 年。

[3] 《我与中信》编委会编，《我与中信：1979—1999》，北京：中信出版社，1999 年。

[4] 杨林主编，《我与中信：1979—2004》，北京：中信出版社，2004 年。

[5] 杨林主编，《我与中信：1979—2009》，北京：中信出版社，2009 年。

[6] 谷牧，《谷牧回忆录》，北京：中央文献出版社，2009 年。

[7] 计泓赓，《荣毅仁》，北京：中央文献出版社，2006 年。

[8] 庄寿仓，《永远的荣老板》，香港：大风出版社，2013 年。

[9] 姚进荣，《难忘荣毅仁老董事长》，香港：大风出版社，2015 年。

[10] 计泓赓，《开放撷英》，沈阳：辽宁人民出版社，1991 年。

[11] 蒲坚、尹隆，《解放生命——生有所信 老有所养》，北京：中信出版社，2015 年。

[12] 蒲坚、孙辉、车耳、张偲，《PPP 的中国逻辑》，北京：中信出版社，2016 年。

[13] 蒲坚主编，《中国信托业咨询报告——践行奠定信托》，北京：人民日报出版社，2013 年。

[14] 蒲坚主编，《中国信托业咨询报告——信托的色彩和旋律》，北京：人民日报出版社，2013 年。

[15] 中国国际经济咨询有限公司，《认知改变信托——2010 年中国信托业研究报告》，2011 年。

[16] 中国国际经济咨询有限公司，《2011 年中国信托行业金皮书》，2012 年。

[17] 中国国际经济咨询有限公司，《2012 年中国信托行业金皮书》，2013 年。

[18] 中国国际经济咨询有限公司，《2013 年中国信托行业金皮书》，2014 年。

[19] 蒲坚，《解放土地——新一轮土地信托改革》，北京：中信出版社，2014 年。

附录 1:

中国国际经济咨询有限公司 历任董事长、总经理

1981 年

荣毅仁 任中国国际经济咨询公司名誉董事长
毕际昌 任中国国际经济咨询公司董事长
经叔平 任中国国际经济咨询公司总经理

1987 年

经叔平 任中国国际经济咨询公司董事长
徐世伟 任中国国际经济咨询公司总经理

1991 年

经叔平 任中国国际经济咨询公司董事长
姚进荣 任中国国际经济咨询公司总经理

2000 年

姚进荣 任中国国际经济咨询公司董事长
高筱苏 任中国国际经济咨询公司总经理

2003 年

秘增信 任中国国际经济咨询公司董事长
高筱苏 任中国国际经济咨询公司总经理

2009 年

蒲　坚 任中国国际经济咨询公司董事长
张继胜 任中国国际经济咨询公司总经理

2012 年

蒲　坚 任中国国际经济咨询公司董事长
王海波 任中国国际经济咨询公司总经理

2013 年

蒲　坚 任中国国际经济咨询公司董事长
张继胜 任中国国际经济咨询公司总经理

2014 年

蒲　坚 任中国国际经济咨询公司董事长
孙　辉 任中国国际经济咨询公司总经理

附录 2：

接受采访人员名单（按姓氏笔画排序）

马继龙	王苏星	王敏治	王慧敏
云宗国	车　耳	庄寿仓	刘惠民
刘瑾丹	齐　莹	孙　辉	杨　巍
吴　兰	张巨峰	张　克	张宏久
张学先	张继胜	张豫锋	陈义正
陈胜春	陈　静	林树先	罗学富
季　红	周　萍	周　勤	郑淑君
郑群英	胡　柯	侯健君	贺　洋
顾心阳	徐世伟	徐光磊	高筱苏
高静波	郭小朋	郭荃弟	唐宪伟
崔冠杰	董博军	蒲　坚	蒲明书
缪世骏	缪培松		

编写组

季　红　　　　蒲明书　　　　王敏治　　　　张东妮

图片资料提供

田　波　　　　刘　芳　　　　陈　静